认知过程三段式

薛恩培◎著

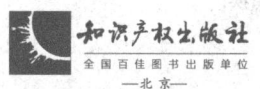
全国百佳图书出版单位
—北京—

图书在版编目(CIP)数据

认知过程三段式／薛恩培著. — 北京：知识产权出版社，2025.5. — ISBN 978-7-5130-9972-1

Ⅰ. B842.1-49

中国国家版本馆 CIP 数据核字第 2025RQ5101 号

责任编辑：赵　昱　　　　　　　　责任校对：谷　洋
封面设计：北京麦莫瑞文化传播有限公司　　责任印制：孙婷婷

认知过程三段式

薛恩培　著

出版发行：知识产权出版社有限责任公司		网　　址：http://www.ipph.cn	
社　　址：北京市海淀区气象路 50 号院		邮　　编：100081	
责编电话：010-82000860 转 8128		责编邮箱：zhaoyu@cnipr.com	
发行电话：010-82000860 转 8101/8102		发行传真：010-82000893/82005070/82000270	
印　　刷：北京建宏印刷有限公司		经　　销：新华书店、各大网上书店及相关专业书店	
开　　本：880mm×1230mm　1/32		印　　张：6.25	
版　　次：2025 年 5 月第 1 版		印　　次：2025 年 5 月第 1 次印刷	
字　　数：82 千字		定　　价：68.00 元	
ISBN 978-7-5130-9972-1			

出版权专有　侵权必究

如有印装质量问题，本社负责调换。

前言
PREFACE

笔者对认知过程的研究起源于一个发现：学生学习时很难完全接受教师的知识传授、能力培养，教师觉得自己讲得清清楚楚的事情，学生或是不乐意接受，或是理解不了。原因何在？这个现实问题困扰了笔者多年，临近退休时，多年的思考终于有了从量变到质变的飞跃。这不仅是学生学习认识自然、社会的一个基本问题，更是所有人认识上的一个普遍问题。后来笔者发现，深度分析认知过程可以回答这个人类认识的普遍问题。

人依靠自身的感性认识很容易接受外界新事物，并获得对新事物的印象乃至经验。若是缺少感性认识的条件或环境，人们则可通过理性去认识，这就是书本知识的学习了。但若没有感性认识和相应的生活经验，人们快速接受新事物还是有困难的。实际上，人们对新事物的接受是需要检验的，且更多地侧重于自身感性的检验。比如在课堂上，针对某个原理，若教师能做个现场演示实验，学生也许一下子就接受了；若没有现场演示实验，接受将会变得漫长且困难。

当然了，人们当下能感性认识的事物必定是有限的，总有认识不到的地方和时候，特别是对于很多复杂而深刻的事情，必须透过现象看本质，此时人们则需要运用理性认识、理性思维来深刻洞察。人一开始进行理性认识，难度较大，但训练一段时间后情况会有所好转，尤其是经过本科较长时间的理性思维训练，理性认识能力会显著提高，判断力明显增强，检验手段也会多种多样，学习接受新事物变得更加自然。

认知过程侧重于理性认识、理性思维，但也少不了感性认识,所以应把两者有机地结合起来。感性认识是认知的基础,重检验;理性认识是认知的开发者、开拓者,重探险,二者有机结合并不断地循环往复,即从认识到实践,再到认识,再到实践的往复,最终确定下来的规律或结论便是认知。

认知过程大致可分为三个阶段。第一阶段为认识建构阶段。此阶段先有动机的产生,然后动机转化为动力,有动力才能坚持去做某件事。先广泛收集相关素材,收集到的素材并不一定全用,而要进行筛选,即用自身的价值观去筛选,并提炼出所选要点,再对这些要点进行加工处理,能加工出多种多样的新东西,经过个人乃至团队头脑中有限知识的初检后,选出更符合自身价值、更优的方案,这便是认识建构阶段。

第二阶段为认识检验阶段。不同群体其检验标准、手段、方法更倾向于自己常用的那一套,这在心理学上也叫同化,因此,同一问题人们的检验结果偶会截然不同,甚至完全相反。不同大类的问题，由于研究对象的不同，其对应的规律也会不同，故应使用不同的专业评判标准，切忌一个专业标准到处推广滥用，否则定会谬误百出。

第三阶段为认知应用阶段。人们概括总结出已认识到的规律、道理、原则，认识经过实践检验后上升为认知。该阶段中个人易产生十个认知基本素养方面的问题：知识局限性；"标准"不标准；"人性"认识不清；"度"的把握不适当；眼光短视；综合整体考虑不周；找外不找内；自信判断失真；困难难度识不清；安全防范不够。读者阅读后，可对照诊断自己有无这方面的问题，若有其中的某一问题，可尝试用指导的途径和方法去认识和解决它，并观其效果；若没有其中某一问题，可继续加强加深认知应用，并不断发扬光大。若某人十个问题都恰到好处地不存在了，既可以有效地解决自身在现实中所面临的诸多问题，还能处理好和集体团队的合作协同关系以及跟个人相处的人际关系。

此外，第三阶段还提供了解决现实重大问题、复杂问题的一般思路、方法及其实施的具体细化途径。按此路径，树立目标计划后，首先要对干某事的难度及自身所具备的实力心中有数，并作出初步的评估和判断：选择去实现，还是搁置，甚至放弃？若觉得成功的可能性较大，便可进入确定行动方案。分解大目标，化整为零，并深入实际调查研究，进一步厘清各个细节目标的工作量及技术难度，切合自身实力确定各个细节目标的实施方案及先后顺序。之后进入实践行动环节。对于简单问题，可直接投入实干；而对于复杂问题，可先行先试，部分践行、反馈推进，坚持不懈，逐步加深认识，不断明确推进目标计划，再到确定实施方案，且持续接受实践检验，或会发现新的问题而予以解决，一步步深入，直到彻底解决现实生活中的重大问题、复杂问题为止。

  本书是一本认知教育方面的自学用书，主要面向广大科技工作者、管理工作者，以及有志于创新的大学生群体，同样也适用于想要弄清事物本来面目的普通民众。无论是认识一个问题，还是解决一个问题，其中均涉及很多环节，只有弄清了这些过程环节，并确保每个环节不出问题，才能获得正确的认知并恰当地解决具体的实际问题。本书正意在告诉读者，这些大大小小的环节，每个环节都有可能出问题，所以，将每个环节的工作做扎实，也就从根源上防止了问题的产生。但愿读者在学习使用中逐步感悟和深刻体会。

目录

CONTENTS

第一阶段　认识建构阶段 ………………………… 1

一、动力层：明确目标方向 ………………………… 3

二、素材层：联想寻找相关素材 …………………… 10

三、筛选层：价值判断筛选要点 …………………… 15

四、加工层：思维方式加工处理建构 ……………… 22

五、初检层：反复尝试，初步确认 ………………… 32

第二阶段　认识检验阶段 ………………………… 37

一、自然科学、工程技术类检验 …………………… 41

二、社会科学、人文类学科知识的检验 …………… 66

第三阶段　认知应用阶段
　　——解决现实问题 ················· 95
　一、认知基本素养的诊断与指导 ············· 97
　二、认知现实问题及破解之策 ············· 167

第一阶段
认识建构阶段

FIRST STAGE

个人的认识是在自身本能的基础上，不断接收外界的主客观事物刺激、信息输入，经过大脑无意识的处理或有意识的加工处理，以及内存知识、经验的初步检验，得出初步结论，完成一次认识建构。当然，切合实际的认识建构并非一次就能完成，而是要经过多次，甚至多年的逐步积累、升级完成，经历一个漫长的进化过程，从一次次不太切合实际的自我认识，不断接受实验、实践之客观现实的反复检验、挑战和反馈，日积月累的充实调整，才得以完成。这便是认识建构阶段。

一、动力层：明确目标方向

凡事预则立，不预则不立。做任何事情总得有个目标，不管是长期目标、中期目标，还是短期目标，即使有时目标不十分明确，至少也得有个方向，朝哪儿去，干些什么，总得有个初步的设想。

一般而言，目标更多地来自自身的种种需求，当然也有不少来自外界社会关系的需求。不管来自哪个方面，有需求就会产生这方面的动力，有了动力才会思考：能否达成这个目标，如何达成这个目标，会遇到什么困难，等等。

做任何事情都会遇到或大或小的困难，无论是理论上的，还是实践上的，也无论是想得到的，还是想不到的。在困难面前动力会被极大地消耗，能否坚持就看动力的大小、强弱、持久性与困难的难度、复杂性的对比较量了。若动力被消耗后还有足够的剩余，就能战胜困难，渡过难关，实现目标；若动力被消耗后没有剩余，则会被困难挡住，前进不得。此时人很有可能在残酷的现实面前，劲头没有了，不敢去干了，也不想思考了，目标落空或者发生转变，这也是现实生活中的常见情况。有时放

第一阶段　认识建构阶段

弃是务实的选择，有时则是不自信的表现，到底如何，常因人而异。

做某件事的难度其实是相对确定的，但对于不同的人或团队，彼此动力会大不相同，实力相差也会很大，故在与困难的较量中，有的胜出，有的败下阵来。难度较大的事情不是人人都能攻克的，别人能干成的你不一定能干成，同样，别人干不成的，你也不一定干不成，所以一定要进行尝试体验，才能最终知晓到底行还是不行，绝不可不经尝试就妄下定论，从而失去难得的成长、成功机会。

某件事能否做成主要取决于个人或者团队对此困难的认识程度，以及自身的综合实力状况，一方面包括认识困难，另一方面包括认识自己，唯有知己知彼方能百战不殆，否则便会事与愿违。

对于由失败、贫穷、落后引发的痛苦，若能深刻反思乃至自我认识，当下确实能产生强大但不一定持久的内驱原动力。在这种内驱原动力的驱使下，人们面对困难挑战，会不断地实践和探索，进一步检验乃至强化这种自我认识，继而很有可能逐步形成持久的内驱力，即认识内驱力。当然，随着认知的不断深入，人们发现种种困难大到自身的实力不足以抗衡，就有可能放弃该自我认识而半途易辙，这便是内驱原动力强大而不一定持久的现实表现。

还有来自个性特质的执着、情怀，即顽强不屈的意志力及其意志品质，表现在面对困难，特别是不明朗的前景时的那种坚韧不拔的毅力、百折不挠的精神。这是一种强大而持久的内驱原动力，我们称其为意志内驱力。一个人一旦拥有此种意志内驱力，在与困难的消耗战中，尽管精力被不断消耗，但又不断产生和补充，面对各种各样的困难和挑战，仍能艰难前行，战胜艰难险阻，站稳脚跟。足见这种意志内驱力在紧要关头的决定性和关键性，它是一个人战胜艰难险阻、突破重围的必要条件。

浓厚的兴趣也是意志力源泉。拥有浓厚的兴趣的人或团队，面对困难，能长期坚持或坚守，不计

第一阶段 认识建构阶段

名利，耐得住寂寞，不达目标不罢休。这不是顽强的意志力又是什么呢？这种自觉的主动探索精神，不屈不挠的拼搏劲头，便是做大学问需要的特质，而非博利之人所能拥有的。

人若只有强大而持久的意志内驱力而缺少强大的认识内驱力，可能会失去意志力的目标方向，继而可能会沿着一条走不通的路进入死胡同而不能自拔；同样，只有强大的认识内驱力而缺少强大而持久的意志内驱力，则很有可能在各种艰难险阻面前倒下垮掉，而不能再爬起来，故两者缺一不可。唯有两者密切配合，才能从失败走向成功，从黑暗走向光明，让不可能变为现实，实现各种各样的伟大创举。

其实，胆识就是意志内驱力与认识内驱力的完美结合，胆是意志力乃至意志品质的标志，识则是认识能力的体现，唯有胆与识的密切协同配合，才能成就一番事业，否则很有可能半途而废。

一个团队若具备一些有胆识的成员，成员各自有着不同的工作重点，并能密切配合，相互理解包容，便能成就重大而复杂的工程项目，乃至伟大创举。此时充分体现了团队集体的分工之中优势互补组合，发挥出各自的专业特长或优势资源，从而实现合作高效、共赢乃至大赢。

理想、愿望、初心是自我认识的产物，而好奇则是求知的欲望，能否持久乃至上升到意志内驱力的水准，就看在后天残酷的现实面前及巨大困难面前，是继续坚持还是退缩。现实社会中这样艰难前行的人尽管不占多数，但还是有相当数量的；只有短期热情，遇到困难便退缩，这类人为数众多，故坚持的人易从中脱颖而出，正如蒲松龄所撰对联："有志者事竟成，破釜沉舟，百二秦关终属楚；苦心人天不负，卧薪尝胆，三千越甲可吞吴。"总之，意志力坚定的人为少数，但在少数有坚定意志力的人的带领下，其团队集体也能成就大事，现实社会中各行各业都有这方面的典型案例，特别是中国共产党人，从革命到建设各个时期所取得的巨大成就，便是当下最有力的证据。

权力、利益、竞争等便是来自社会方面的重要动力，可称为外驱力，它维系着人们的日常生活乃至社会的正常运转。自身的需求也好，社会需求也罢，事情总会有人去干，人人根据自身的能力和特点去干不同的事情，承担不同的岗位，才能保证社会的正常运转和发展。而如果大部分工作是被动的，为利而来的，一旦无利可图，外驱力就会消失，隋代王通曾在《中说·礼乐》中说道："以利相交，利尽则散；以势相交，势败则倾；以权相交，权失则弃；以情相交，情断则伤；唯以心相交，方能成其久远。"以种种外驱力所进行的交往，一旦没有外驱力，必然无以持续其行动。这便是外驱力的显著特点，与内驱力有着天壤之别。

总之，生活在现实社会中的人，其动力源多种多样，既有来自人自身内驱力的一面，又有来自社会外驱力的一面；既有持久的，也有短暂的；既有强大的，也有脆弱的。我们应该清楚动力源都有哪些，以及各自的强弱和持久性，从而驾驭好这些动力源，养成良好的行为习惯，使自己能适应不同的目标和困难，并恰到好处地去作为。

　　动力源是否越多、越强大就越好呢？这不可一概而论，做对社会绝大多数人有贡献的事业，动力源越多、越强大，肯定越好；而为了自私自利或小团体的利益，损害大多数人的利益，动力源越多、越强大，则对社会造成的伤害越大。故个人及其团队需要理性来制衡欲望的泛滥，以节制其行为，不然天下定会不太平。此处的反面示例即是社会腐败，腐败现象便是人性阴暗的一面，在没有监管或者监管不力的情况下，腐败会泛滥成灾。而规则的设立则是节制其行为的重要"抓手"，将规则意识纳入个人或团体的行为，使泛滥的驱动力依规则的轨道前行，方可发挥其价值。

二、素材层：联想寻找相关素材

　　明确目标后，随之产生了解决问题或干某件事情的动力,便会寻找相关的素材及方案。那么,到哪里去寻找它们?又怎么去寻找它们呢?

一般会根据设立的目标或事情去做相关的种种联想,寻找记忆的线索,在自己的知识库中查找有用的信息。当然,对于常规性问题,可能寻找一段时间就能找到现成的解决方案,甚至稍作调整,还能对方案进行升级。很多知识或经验丰富的人解决一般性问题便依循这样的路径,而且很有成效,如教师、医生、工程师等专业技术人员的常规工作。这是知识、经验的价值所在。

对于创新性问题,个体常规性的知识已不足以解决它,有可能用其一部分,还有可能完全用不上。这时可采用发散思维,天马行空,自由联想,不断尝试,通过长时间的坚持,可能会寻找到解决途径和线索。在此期间,失败会是常态,因此不必害怕失败,因为不怕寻找不到,就怕气馁,半途而废。只有具备自信心且有顽强意志力的人,才能在艰难困苦的无望之中执着地寻找与探索;只有不畏艰险的执着追求者，才能收获成功，并达到光辉的顶峰。急功近利者往往会半途而废，与此收获无缘。

当然，要解决某一复杂的问题，自身知识库中的储备很有可能不够用，那么就要在自己的知识库外去寻找，可以翻阅历史文献，尤其是查找前沿文献，而这些既需要时间，又要具备一定的条件，所以它是一个漫长而艰辛的过程。这一过程中，个体既要能耐得住寂寞，又要有长期坚持不懈的恒心，如此才能最终解决问题，乃至有突破性的创新成果。

联想的方式可以多种多样，就个人而言，到底怎么去联想？联想是一种发散式思维，从此点到彼点，从一点到多点甚至是多面，其中的讲究可大了。它可以是线状发散，也可以是面发散，还可以是立体发散，而在各种发散中又会联想到很多词汇等，形成树状结构，每一个点都可以辐射很多分枝，此时的问题是你选哪一枝，又舍哪一枝，还是

第一阶段　认识建构阶段

每个都选？这需要一段时间和多次反复试探才能初步确认。将选择分清先后顺序，把各种途径和可能性都试一试，总能找到合适的。由此看来，坚毅比聪明更显珍贵，它是产生创造性成果应具备的个人特质。因此，在创造性人才的选拔上，非智力因素——意志力应该排在第一位。

当然也可以借助信息时代的工具和手段，用计算机软件进行搜索或寻找，输入相关词语，寻找更有用的素材，充分发挥大数据的搜索功能，甚至还可以通过对话机器人、人工智能来广开素材源，提供更多优质选择的思路和方案，充分发挥对话机器人自主学习的创造性工具功能。此举既扩充了素材的寻找范围，又加快了寻找速度，何乐而不为呢！

若有必要，还可与志同道合者交流沟通，弥补自己未发散到的地方，使素材更充实、更优质，以利于之后筛选出要点，思维加工起来更能得心应手。

还可以多人研讨，集思广益，把各个发散的要点集中起来，当然还可以多次研讨，通过长时间的深入发散，把所需要的优质素材充分挖掘出来。通过集体的力量找到所需素材的可能性更大一些，解决问题的效率更高，成功率也会更高，故应充分发挥集体研讨的作用。

若实验、实践方便的话，不妨可以通过实验、实践开拓思路，也许会有意想不到的发现，这便是实验、实践所具有的独特功能特点，高效而快捷。若短时不具备实验、实践的条件或者实施起来代价高昂，只能选择先做些理性上的筛选、论证，有了明确的素材方案后，再去实验、实践确认，最后进行综合考虑与权衡。总之，实验、实践也是素材的重要发源地，能用时一定要充分地用、尽早地用，不能用时只能等待时机了。

总之，广开素材源，开发各种途径，充分尝试与寻找，记住功夫不负有心人，不断发挥意志力的作用，必能收获成功。当然，素材的寻找在一定程度上也靠运气，但是你不能"守株待兔"，而应不断尝试，坚信"失败乃成功之母"的道理。

无论是自身知识库内的素材，还是库外的素材；也不管是人工寻找的，还是人工智能寻找的；更不管是个人寻找的，还是合作寻找的；尤其不管是理论探索的，还是实践中寻找的，只要能找到合适优质的素材，就是成就。

应当清楚，优质的素材，既是自我认识建构的素材，又是自我认识建构正确与否的检验素材，故它具有双重功效，可以"一材两用"，这便是素材不可替代的基础作用和检验作用。

三、筛选层：价值判断筛选要点

无论是从自身知识库中联想到的素材，还是库外收集到的素材，对于某一件事，有的可能是可用的，有的可能是不可用的，即素材也不是都用得上。而对于可用与不可用必有一个判断选择的标准，这个标准就是自己的价值观，人们常用自己的价值观来进行判断和选择积累的素材，而非全盘接受。

生物的遗传基因中会带有一些初始的喜好或厌恶，这便是个体最原始的价值观起源。随着年龄的增长，自身生物机体的各种生理需求越来越多、越来越强，这些生理需求的满足首先成为自然属性的价值需求，而这些长期的价值需求慢慢会上升为头脑中的价值观，这就是自然属性价值观的形成过程。

自然属性价值观肯定是利己的、排他的，故常表现出人性"恶"（非邪恶之意，指优先满足自身需求之意）的一面，而且是强大而持久的，一直伴随着人生且不易衰退。故在现实生活中自然属性价值观一直左右着人们的种种判断和选择。

自然属性价值观对一般人而言是无意识的存在，人们会在不知不觉中使用。也就是，自然人一般会以自己的自然属性价值观作为判断选择的标准，符合自己自然属性价值观标准的就会被选上、留下，而不符合的就会被阻挡、舍弃。至于自己的自然属性价值观标准是否合适、合理、恰当，就另当别论了。

正是这种筛选造成了很多脱离实际的误判、误选，有用的可能未被选上，而没用的可能被选上了，恰恰是源于价值观标准出了问题。现实中这种事例实在太普遍了，更"要命"的是人们很难发现问题出在这里，造成同样一件事，不同的人或群体产生的判断、分析常常不同，甚至截然相反、针锋相对，谁也说服不了谁。此种情境下，唯有指出判断选择的自然属性价值观标准导致此分歧，并相互明确各自的标准是什么，又应该如何统一标准，达成共识后再去评判，结论应会大体趋于一致，不然无法达成共识。

自然属性价值观既有共性的一面，又有个性差异的一面。自然属性价值观的共性方面常常表现为本能的满足或逃避，如自我、欲望、恐惧等，展现的是人的动物性生存的一面；个性差异方面，个人爱好、向往的侧重点常大不相同，且程度差异也很大，如有的人适合做学问，而有的人善于搞管理；有的人喜欢文，有的人喜欢武；有的人喜欢群处，有的人喜欢独居，绝不会千人一面。这种差异性的存在也是社会多样态的体现。个人在大千世界中找到自己的用武之地，寻找到适合自己的工作和岗位，这便是人尽其用，人尽其才，以满足社会生活的种种不同需求。

人又是高级的群居动物，必然和周围的人发生一定的关系，既相互依存、相互影响、相互帮助、相互配合，又相互包容以实现和平共存。如何处理好这些关系，就涉及人的社会属性价值观，因为仅有自然属性价值观是无法处理好这些关系的，而且时常会带来矛盾和冲突。

社会属性价值观主要表现在相互尊重、相互理解、共同承担、合作共赢上，常常表现出人性"善"（能彼此兼容，考虑他人的处境）的一面。在考虑各自自然属性价值观的同时，还要兼顾社会属性价值观,一般在自然属性价值观上各退一步,而在社会属性价值观上各进一步,并找到某种平衡点。人们常常靠社会属性价值观的理性和自律来约束自然属性价值观中的欲望,维持群体和社会的生存与和谐发展。一旦没有形成强大而坚定的社会属性价值观,而任由自然属性价值观支配,不仅会伤害无辜,还会后患无穷,因此一定要高度警惕,且应谋划安全防范。这便是立德树人的价值所在。

生活在自然社会中的人,既不能完全摆脱自然属性价值观,也不能脱离现实社会相互依存的社会属性价值观。只有见多识广,对自然社会规律有着深刻认知的人,才能在两大类价值观中合理、公平、公正地匹配取舍,从而筛选出要点,妥善处理事情,让利益各方容易接受,并达成共识。见识短浅之人根本做不到这些,因此对其只能敬而远之,当然还可以耐心等待,情况合适时再给其处理事情的机会。

有些事情的价值观评判标准是特殊的,不具有普遍性，宜特别考虑如何处理。但现实中有一些专业人才和管理工作人员非要把特殊性的标准普遍推广，或者是用普遍性的标准处理极具特殊性的事情，而不管到底适不适合，从而导致谬误百出，贻笑大方。

　　大家都知道，学术领域、管理领域由于研究对象、管理对象不同，对应的规律自然不同。而我们的一些学术专家把自己的学术价值评判标准用在管理上，或一些管理专家把管理价值评价标准用在学术研究上，那只能出现"天下大乱"的局面。不难发现，现实中许多人仅以自己的价值评判标准来评判外界事物，如此必然导致观点脱离客观实际，行动结果肯定事与愿违。

　　因此，应该清楚特殊性的价值评判标准有其所属领域，不可随意推广，用好该领域的标准，明确不同领域有着不同的价值评判标准。若无法达成共识，可开展价值标准大讨论，一切困惑都会迎刃而解。

第一阶段　认识建构阶段

多数情况下的价值评判标准是多元的，而非单一的，而见识短浅的人常用单一的价值评判标准去评判，这跟见多识广的人用多元价值评判标准评判的结果自然大不相同，甚至截然相反。到底谁是谁非，在实践中去检验，自然一切都会清楚。说一千道一万，不如甩开膀子埋头干。检验前的讨论甚至争论、辩论，远远收不到检验后的效果。

必须指出，一件事情是要用单一评判标准考量，还是多元评判标准综合、长远考虑？又是哪些综合方面和长远方面？这些不同方面的多元标准的权重各自又是多少？各自如何兼顾并平衡？这些都是很有讲究的，即对"度"的把握会因人而异，分歧也会很大。当然，这里一般涉及重大而复杂的问题，管理上这种情况比较多，不同管理者的差异就表现在多元价值标准的权衡、把握上，把握得当者会得人心，而把握不妥者会失去人心，并不能持续管理下去。

总之，价值评判标准是一门高深的学问。不管是无意识的自然属性价值标准，还是有意识的社会属性价值标准，以及特殊性的价值标准，还是综合长远考虑的多元价值标准，首先得正确认知它，并在社会实践中不断检验、反馈、调整，反复运用这一过程，才能锤炼自己的价值判断筛选本领。倘若空谈，此本领是得不到提高的。

四、加工层：思维方式加工处理建构

由价值判断标准提取、筛选出的要点，常常会放在头脑的内存中，以备后用。若要产生新的思路或解决新的问题，首先得调用头脑内存中的相关要点，并用各种思维方式对其进行加工处理，包括归类、重组、建构等，希冀出现某种新的思路，为问题的解决带来一丝希望。

思维方式即思考问题的方法，可以这样去思考，也可以那样去思考，可以变换各种不同的角度和方式，力图创造性地寻找解决新问题的途径和方法。思维方式多种多样，以下将详细介绍一些创造性思维。

发散思维又称辐射思维、放射思维、扩散思维或求异思维，是指大脑在思维时呈现一种扩散状态的思维模式。形象地说，由一个要点出发，通过各种各样的联想辐射到各个要点，开拓性极强。

发散思维主要用于开拓视野和思路，寻找各种可能的途径和方向，甚至发现新的领域。对于同一问题，可以有各种不同的想法、观点或解决之道，在此基础上还可天马行空地进行可能性的想象，从而又产生多条思路，并使更多思路向外拓展，拓展到多角度的思维空间。发散思维极易产生创造性的火花，非常适合发现类问题的突破，也适合发明更多新产品，可以说是一种创造性的高产思维方式。

当然，并不是一味发散就好，发散的目的在于找到问题的解决之道，当产生灵感时，就该停下来，再结合归纳思维、收敛思维，形成构思乃至解决方案，从而完成发散思维的阶段性使命。

在这里，我们看到了发散思维的开拓性，它是发明创造的开路先锋，所以应常用它在各种新事业上开疆拓土，充分发挥它的开路先锋作用。在教育领域，家长和教师应注重从小培养孩子的发散思维。

归纳思维，又称收敛思维，是创造性思维的一种，它是一种通过对个别特殊事物的不断积累和深入分析，来寻找并认识事物所具有的一般性规律的基础思维方式，其中常常伴随着创造性的洞察和假说。因为自然界的现象及事实和本质规律间的关系是极其复杂的，往往必须借助创造性思维才有可能"侦破"，而创造性思维有着不合常规的特点，若合了常规，也就有了确定的方式，那就无创造性可言了，故归纳思维的创造性即洞察力，有其显著的独特性和不可模仿性。

尽管面对众多经验乃至实验现象和事实，还有发散思维发散到众多要点，提供了大量有价值的素材，如何在其中找到规律性的本质或机理，确实需要归纳思维的创造性洞察和分析判断来揭示现象背后很难看清识别的"道"。这可不是人人都能做到的，只有个别人能完成突破。

当然了，归纳思维并非一次就能完成洞察，而是经历了多次失败和反复尝试，在不放弃的执念下艰难探索和勇往直前，通过长期不懈的坚持反思和改进乃至潜意识积累升华，才终于有"柳暗花明又一村"的时刻，即灵感的闪现。这才是真实的归纳思维的创造性展现。

类比思维即把新事物同已知事物进行类比，是从特殊到特殊的逻辑过程，从中可以得到启发和解决新问题的线索，是从已知探求未知的一种常用方法。

类比思维能够在更广阔的范围中把两个不同事物联系起来，两个事物可以是同类的，也可以是不同类的，甚至差别很大、乍一看似乎是风马牛不相及的。在它们之间进行属性和关系的类比，既可以是本质的，也可以是现象的。它们的相似点可以是一个，也可以是许多个，灵活性极大。类比思维也许是一种可靠性最小的方法，却是创造性最大的方法，是形式逻辑上升到辩证逻辑的典范。

类比思维的创造性是以它在逻辑上的不可靠性为代价的，显然并不是用一个成一个，用上几个能成一个就已经不错了。因为我们并不知道新事物的规律和特点，我们是借用已知来探索和寻找未知，肯定允许大量的失败和尝试，只要有成功的可能就完全有必要去试一试，这便是类比思维的独到之处和用武之地。科学史一再证明类比思维是极具创造性且行之有效的科学发现方法。

类比思维的独特创造性源于客观事物间存在相同或相似的规律。我们可以触类旁通、举一反三，可以形式类比、结构类比、功能类比、因果类比、对称类比、协变类比、综合类比、模拟类比、仿生类比，等等，进行多种多样的类比，以实现其创造价值的最大化。

对比思维也叫比较思维，在科学研究中有着广泛的应用，最为典型的是对照实验。即将实验对象作为"实验"组，同时另外设置一个对照组，作为比较的对象和标准，然后通过实验结果的比较，从而确定某种因素对"实验"组的效应。对照实验是生物研究中常用的最基本的实验方法。相关应用还有工业中的新工艺实验、农业中的良种实验、医学上的药效实验，甚至生物研究中的各种对比析因实验，等等。

在技术研发中，特别是发明创造，产品设计性能改进时，通过优缺点对比，常常能发现很多意想不到的东西，有时候甚至是不比不知道，一比吓一跳。

在社会生活中，有比较才有鉴别。常运用比较能发现自己的不足和追赶的目标，也为自己的进步提供思路，从而扬长避短，达到改变自我、提升自我、强大自我的目的。

可见，对比思维在现实生活的方方面面都有着广泛的用武之地，就看如何灵活使用。大家还是在实践中去深刻感悟和体验吧！

常规思维容易形成思维定势，有时会严重阻碍创造性思维火花的闪现。当常规思维进行得比较费劲乃至进行不下去时，尝试反向思考，即逆向思维，可能会收到意想不到的效果，也许会豁然开朗，甚至产生创造性的成果来。

过程思维也可理解为注重思考过程的思维方式，即从起始状态出发，到努力达成宏伟目标，怎么才能一步一步实现，搞清此过程的环节，然后化整为零，解决一个又一个环节问题，终达复杂、艰难、重大的目标。

过程思维是化繁为简的目标分解思维，强调集中优势力量尽快击破，采用积少成多、以小攻大的战略。面对复杂、重大问题采用此种思维，容易取得意想不到的成效。而对一般性问题，过程思维更有投入少、效果佳的优势。

当然了，运用过程思维，首先要弄清过程。有些事情的过程明白易晓，而有些事情的过程是不容易弄清楚的,甚至完全弄清楚时问题可能已经解决了。不管怎样,处理问题还是要想清楚过程,乃至弄清过程各环节,可以从前往后想,也可以从后往前推,边想边验证,步步为营,多方进攻。正像几何证明那样,可以直接证,也可以用反证法。能打通过程,方为上策。

应该认识到,有些事情,一旦搞清了过程,也就搞清了原理,很有可能就是重大的科学发现。有这种良好的愿望和向往,依靠顽强不屈的意志力,在前景不明朗时,仍能坚持迎难而上,勇往直前,直到想方设法搞清此过程,以实现过程思维的价值作为。

想象是在价值判断之要点基础上,展开无限想象力、创造力的一种思维方式。它是一种自发的自由联想,通过想象展开各种可能性的思考,从而找到解决问题的独特途径。常言道,不怕做不到,就怕想不到。有些想象还能奇思妙想地创造性解决一些实际问题,大家不妨试一试。

逻辑推理更是一种常用的基本思维方式，有些问题用此方法可以很容易地得到解决，特别是非突破性创新方面的问题效果更佳，如写作、演绎推理，等等。当然了，此方法不是到处都好用，逻辑推理能用就用，用不成也无碍。最终接受实验、实践的检验后，一切都将清楚明晰。

思维方式多种多样，我们只列举了其中一些典型的思维方式，而非全部。对于解决某一问题，各种思维方式可以"轮番上阵"。思维方式加工处理各种知识与经验，其实就是理性尝试，要有不获全胜不收兵的劲头和精神。反正只是理论尝试，也不需要消耗更多的物质资源，只需要有足够的时间，进行更多的理性思考，应该说成本代价不高，容易实现，容易操作。这完全可取决于进攻者的自身素养、认知水平、思维能力及意志力。

到底什么样的思维方式好，不可一概而论。它们各有不同的用途，因为现实问题往往具有复杂性和多样性，很难找到"放之四海而皆准"的思维方式。有些事情适合用这种思维方式，而用另一种思维方式就行不通，开始谁也不知道，只有反复尝试才能知道，我们也可以将这一过程形象地称为"思维实验"，只不厌其烦、耐心坚持去做就是了。

我们必须学习多种思维方式，知道了各种方式才有可能尝试使用；倘若都不知道，怎么可能去尝试？知晓了更多种的思维方式，并能灵活地搭配组合使用，思维能力自然也就强了。坚持不懈地进行理论尝试，既能不断提高自身的思维能力，又能不断地发现新东西和找到更多的解决方案。

在实践中各种思维方式也并非单打独斗，它们可以轮番使用，也可以组合搭配使用，还可以按一定的程序协同作战，其间的组合顺序更有讲究和学问。人们可以在更多的思维实验中，进一步锤炼自己的思维能力，这便是思维实践。唯有实践才能出真知，而脱离实践只余空谈。

不管怎样的思维方式变换加工，只要有可能解决问题，就应该先记录下来，并立刻乘胜追击，因为灵感往往是转瞬即逝的,且不会重复出现。之后再接受内存知识的检验,若觉得有价值,再进行更多的思维加工处理和检验,直到形成初步的确定结论,即完成自我认识建构阶段。

五、初检层:反复尝试,初步确认

思维加工处理后,人们获得了某种新认识或找到了某种新思路,到底是灵机一动的瞬间闪现,还是具有规律性的新发现,这些都需要初步分析、判断和确认。

首先对此结论,用自己头脑中内存的知识、素材进行检验和推敲,看和以往的经验和观点有无矛盾和冲突。若发现问题,再进一步进行联想分析比对,看到底是旧问题的暴露,还是新问题的突破,逐步明确此问题的新旧性质。

对于旧问题,可以用以往的经验方法去处理,解决起来还是有章可循的,也能作出初步判断,再经过反复思考和尝试，判断该问题的重要性和方向性。

对于新问题，以往的经验不见得好用，可能需要全新的方法来处理。需要什么样的全新方法也还未知，此时凭着经验和直觉，先明确将此问题作为新的研究目标或课题，以后逐步深入去探索和研究就是了。

不管是旧问题也好，还是新问题也罢，新建构都是缘于发现了问题，找到了新的研究方向和目标；而且有的新建构则是解决了问题，可能是解决旧问题更好的办法，也可能是找到了解决问题的全新途径。不管怎样，新建构总是收获，这个新收获既需要进一步的检验核实和推敲，又需要更广泛的联想、多方向、多角度反复尝试，乃至理论检验和判断。若条件允许，还可部分实验、实践检验或核实，为之提供更可靠的初步确认。

一般而言，此阶段实验、实践检验的情况较少，多数是理论检验、经验检验，且常常为个人检验，乃至该团队知识经验、合作检验和核实，若能达成一些共识也可初步确认。

在团队检验中，年轻人虽知道的少，但受条条框框的制约也少，故新思路往往容易展开，异想天开的想法容易闪现。正是在这优势之中，也存在劣势和不足，便是对新事物新问题的判断力常显不足。老前辈知识经验比较丰富，视野更广，判断力更强，能抓住机遇，不放过有潜在价值的新想法，并能作出方向性的重大决断，朝哪个方向攻克以及怎么攻克的具体部署，这正是老前辈的优势强项，常能发挥不可替代的价值和作为。

若能把年轻人和老前辈的优势互补，形成完美的合作团队，既能发挥年轻人容易找到新问题突破口的优势，又能发挥老前辈高瞻远瞩、把握时机和方向的本领，果断作出决断的超强判断力，既可开疆拓土，又可把握时机，抓住机遇，更快地完成认识建构乃至创造性建构。如此，才算真正做到了各尽其才。

真正可靠的实验、实践检验与核实，需要更长时间、更大范围的实验、实践检验，只能留给认识检验阶段去完成。

第二阶段
认识检验阶段

SECOND STAGE

自我认识建构完成后，所产生的认识、观点、想法乃至初步结论，需要检验环节对可能性或真实性加以区分，否则只能停留在靠不住的、无法令人信服的想法上而已。然而很多人便把这种只经过有限的检验，甚至未经检验的想法当成现实去对待，从而造成了很多误解、误判，甚至还造成了严重的不良后果。为了消除这一常常存在的不良思维习惯，必须把认识检验阶段明确地提出来。

然而，检验不仅包括自我认识建构的初检，现实中还有对他人认识建构（观点或者言论）的检验，还有对历史认识（科学、哲学、常识）的检验等。在信息高度发达的今天，面对如此众多的检验，人们常常会力不从心，故应分门别类，区别对待，寻找各自的证据和标准，接受理论、实践的多重检验，方可更切合实际，逐步把自我认识上升到科学认知；否则可能会远离客观实际，始终停留在自我认识上而不能自拔。

切记不可一个标准、一种模式统一对待。应当清楚，凡是想到处推广的检验，无论是自然科学类，还是社会科学类，都将违背不同事物有着不同规律的客观事实，最终只能以脱离客观实际，良好愿望与实践完全不符而告终。

法律讲究证据，若没有证据，把一些分析、猜想当成现实去判断或下结论，其结果必然是可怕的，故应慎重。科学和法律在现实社会中为我们树立了良好的检验榜样，在条件允许的情况下，努力追求接近这两个榜样，把更多人的自我认识尽可能多地上升到科学认知上，以减少误判和误伤的概率。

其实一个努力接近客观现实的人，面对客观现实的复杂性和多样性，也很难做到真正接近客观现实,但至少他的态度是认真、严肃而坚定的,并不断地接受实践的检验和反馈。相反,一个仅有良好愿望乃至理想的人,容易想当然,而不能直面事实,对待实践检验常表现出敷衍了事的态度,故常停留在良好愿望的自我认识上,还不以为然,因此难以上升到科学认知上。

现实中各种各样的知识或认知一旦经过检验,会与先前的想法、观点乃至观念发生矛盾和冲突。此时正是颠覆原有认知的时候,也是价值观改变的契机,故应抓住这一机会,改变自己的短视,并逐步形成切合实际的长远、整体的价值观,乃至人生观和世界观,充分发挥检验推动认识的价值功能。

一、自然科学、工程技术类检验

自然科学、工程技术类检验的共同特点是严格遵守客观规律,不以人的意志而转移,规律相对稳定,不因时间、地点的改变而变。此类检验主要通过实验的方法来寻找或探索,并通过实验反复验证和检验。即使在更长时间、更大范围内广泛使用,其规律性仍保持不变,最终上升为科学认知,因此可靠性不言而喻。

尽管有一定的适用条件和使用范围,只要不超出条件和范围,其规律性始终不变,从而保证有规可循,有理可据。相信科学,并按科学规律办事,尽管道路曲折,但前途光明;相反,违背科学规律,迟早受惩罚。

(一) 对于科技工作者而言

对于科技工作者而言,专业范畴内已有一套完善的检验程序体系,相对比较规范和成熟。

1. 一般先理论初检,个别的另当别论

新研究出来的东西,应先看是否符合之前的理论、原理乃至过程机理,与之有没有矛盾和冲突的地方。对于不同类的研究,其检验情况会有所不同。

第二阶段 认识检验阶段

对于应用性和拓展性的研究成果，容易找到理论上的依据，要看能否得到原理上、机理上和逻辑上的支撑，原理越充分，越有说服力。若从理论上证明它是符合某原理的，即得到了理论上的初检。

而对于原创性的成果，根本找不到与之相符合的理论，常常还与之前的理论有矛盾和冲突，这正是原创性的特征。找不到也不要紧，因为实践是检验真理的唯一标准，只有与实践相符，才是最重要的。这也说明了之前理论的局限性，从此之后更新的理论可能要诞生了。

对理论初检不必过于纠结，实验、实践更具决定性。当然了，若不符合，要进一步弄清是研究结论有问题，还是理论本身存在局限性，通过大量的发散思维、分析判断，还可能发现很多问题乃至全新的问题。哪怕是可能性的问题，都须一个个搞清楚，充分发挥理论上低成本的分析判断排除功能；实在排除不了的，只能留给部分实验来确定。由此可见，理论确实也能解决自身所擅长的那一部分问题，故应充分挖掘理论初检、发现乃至解决部分问题的潜能。相较认识建构阶段的初检，认识检验阶段的理论初检程度更深，且要遵循学科的检验程序。

如太空探索、载人航天这样的重大工程技术项目中，由于实验、实践上的代价过于巨大，经常进行实验、实践检验也不切实际，难以保证安全，而且各方面的风险极大，故不能完全采用一般科学研究的方法，动不动就去实验验证，甚至有些还实验先行。对于这些实验代价巨大的工程技术项目，前期稳步而缓慢的理论分析、扎实而充分的理论论证与评估，显得更为必要和重要。相对成熟的理论论证完成后，再做有限的实验、实践检验，进一步确信理论或技术的准确度和发现新的意想不到的问题，把实验、实践代价降到最低，这便是灵活的应对之举。这也体现了理论初检有时是必不可少的，而且是难能可贵，更为有效。

所以，对待理论初检，既不可夸大它的作用，也不可小看它的作用。在不同类研究中，不同的具体情况下，其作用的权重大不相同，切忌一概而论。应当清楚在什么情况下理论初检是不可或缺的，可以发挥巨大的降险、降本功效，还可增强自信，不被安全、资金、成本、设备等困难所吓倒。多花些时间，长期投入理性研究，加上部分实验验证乃至模拟实验验证，可以平稳地获得整体项目的成功，这便是理论初检不可替代的价值作用。

2. 实验检验初步确认

理论初检完成后，尽管没有出现矛盾和冲突，但也不能由此就断定实验、实践一定会成功，还必须接受实验、实践的进一步验证和确认。实验、实践确认后，这些顾虑便可以解除，这时理论初检和实验、实践检验取得了一致，才可初步确认。

当然了，实验检验也可能会出现与实际不符的情况，此时应冷静思考和分析不相符的原因可能出在哪里。经充分分析论证后，在条件允许的情况下，再做针对性的控制变量法实验，以确定是否某个原因或因素，逐个排除，逐个确定。此时的实验过程相当于裁判员，而理性分析、实施途径、方案相当于设计师。因此要做一个极具价值的实验乃至检验，既离不开高超的实验设计方案，也离不开先进的实验设备及操作技能，甚至还需要各种不同能力结构的人才及其团队组合，才能完成这一创造性使命。

有时实验检验经过几个回合的分析、判断到实验确认，最终找到真正的原因或根源，有了确定的一致结论，或者说得到了初步的确认。必须指出：此过程一般不会一帆风顺，常常是曲曲折折的。

有时，实验检验还可能会引出更多更大的问题，此时研究人员可能会被更多更大的问题吸引了注意力，朝着更深入更广阔的空间去探索和发现。这便是科研或者实验目标转移的常态，有时会有意想不到的收获，甚至是重大的发现或发明创造，这也是自然界对探索者的馈赠和奖赏。

由此看来，不管是理性分析先开路，实验紧跟其后配合，还是经验、实验启发思路，理性分析紧跟其后配合，二者都必须相互配合，缺一不可。理性分析和实验实践必为探索客观事物的有机整体，二者无法分开且相互影响、相互促进。

应当指出：对于原创性和实验代价不是很大的研究课题，也不必过于教条，非得先经历理论初检不可，一来可能没有适合的理论可检验，二来有时理论初检浪费时间，效果还很有限，还不如实验来得更快。

所以，实验检验也并非一个模式、一套方案，而是针对不同的具体情况，采取不同的方略。科技工作者应灵活多变以适用各种不同的现实情况，如此方可体现出科学研究的创造性。

3. 长时更大范围的实验、实践检验确认

实验检验已经初步确认，还有必要进行更长时间更大范围的实验、实践检验吗？

自然规律复杂而多样，通俗地说就是事跟事大不一样。举例来说，天文现象几年甚至几十年周期

性循环一次，这就是常说的观察窗口期；还有特大洪水，几十年一遇；大地震也不是天天发生。短时检验具有局限性，因此必须经过长时的实验、实践检验才能确认。

　　还有某些现象的本质规律隐藏得很深，不经过特定的关键性事件是发现不了的。例如在科学史上著名的光的微粒说，人们经过几百年的时间也没发现有什么问题，直到杨氏双缝干涉实验的出现，才真正撼动了光的微粒说，颠覆了人们对光本性的认知，认为光也有波动性的一面。若没有实验的证实，光的波动性仍不会被人们所认知乃至接受，若不经过关键性的重大事件引发更广泛的深入检验，其本质规律仍藏而不露。因此，更大范围的实验、实践检验必不可少，缺少了便只能得到局部的乃至片面的认知。

　　牛顿经典力学经过几个世纪的实验、实践检验也没有发现什么问题，直到今天人们还在大量运用此规律解决各种各样的现实问题，最为典型的例子

第二阶段 认识检验阶段

便是航天事业中的人造卫星、航天器、宇宙飞船。随着科学研究的广泛深入，爱因斯坦发现，进入物体高速运动时，牛顿经典力学与实验事实不符，之后提出了相对论，牛顿经典力学作为低速运动时的一个特例，仍然适用。由此人们深刻认知到：牛顿经典力学并非到处适用。可要知道，这一点在短时小范围内是根本认知不到，更无法确认的，这便是更长时间、更大范围实验、实践检验的必要性和重要性所在。

当然了，也有更长时间、更大范围普遍适用的规律，截至目前，人们认为动量守恒定律和能量守恒定律还是普遍适用的。至于它们能否一直适用下去，有待更长时间和更广泛领域的进一步检验确认。

由此看来，我们所研究的自然规律，都有其相对性和适用条件，在其适用条件和范围内，按相对规律办事，而不违背规律就是了。

(二) 对于管理工作者而言

自然科学、工程技术类问题也许并非管理工作者的专长，但他们之中有的具备一定的自然科学、工程技术类常识，甚至很有可能之前从事过科技工作，有着相关经历，有些管理工作者甚至还有扎实的科技研究基本功。他们到底能否作出切实的判断和有效的组织管理，常因人的组织管理能力而异，况且差别会非常大，故不可"一刀切"，一概而论，而应看实际效果。

1. 可作些理性初检

新研究出来的东西，管理工作者无论是听到或者看到，总得有个态度：是接受还是否定？这一方面取决于研究出来的新东西是普遍性的规律或通用产品，还是专业性很强的规律或产品，另一方面还取决于管理者个人的知识视野、经验、经历以及独立思考、分析判断能力，一般由两方面的相互制约产生判断和选择。

第二阶段 认识检验阶段

若某管理工作者有着专业技术背景经历,且此新成果就属于本专业范围或接近本专业,那么此管理工作者其实身兼双重身份,会用本专业的评判标准,客观理性地评判此成果,并从管理学的角度给予支持和配合,此类管理工作者可称为专家型管理者。一般而言,他们作出的评判更切合客观现实。

若某管理工作者一直从事管理工作,之前并非专业技术出身,虽然对新成果不具备专业判断能力,但肯定有自己的基本判断,也要作出自己的判断或选择。明智的管理工作者一般比较务实,在力所能及的范围内广泛听取专家意见,甚至组织相关人员进行研讨,充分分享来自不同渠道的不同判断,然后结合自己管理经验上的基本判断和需要,作出恰当的判断和选择,这便是管理能力的展现。

当然也有一些管理工作者,忘记了自然规律不以人的意志为转移,在管理上凭着个人喜好作评判,符合自己喜好的就支持配合,不符合自己喜好的就否定乃至反对,完全忽视了客观规律的现实存在，从而贻误时机，造成巨大的经济损失或不可挽回的严重后果。故对拥有权力、权威的管理工作者应警钟长鸣，引以为戒。

若某管理工作者既有专业技术背景，又有丰富的管理经验，但对新成果所属领域并不熟悉，那么他便失去了专业技术评判的优势。尽管不能作出理论上的准确判断，但可广泛听取本专业技术人员的意见，再作理性评判，也能弥补自身专业的不足。

难免也有自恃有着专业技术背景的管理者，用自身专业的评判标准去评判完全不同领域的专业技术问题，很可能出现判断错误。以自身的参考系作为标准去评判一切的人必酿不良后果，若不懂这些，便只能由残酷的客观现实去教训了。多倾听不同意见，站在不同的角度或标准上更能发觉隐蔽的错误判断。总之，偏听易暗，兼听则明。

以上各种各样的管理工作者都是现实存在的。无论是具备专业技术背景的管理工作者，还是不具备专业技术背景的管理工作者，都有能管好科技工作的，也有管不好科技工作的。绝不能认为懂的人就一定能管好，而不懂的人就一定管不好，管理也是一门综合性的专业艺术，主要取决于能不能倾听各种不同的意见，特别是专业技术人员的不同见解。谁能做到这一点，谁就会成为出色的理性判断者乃至英明的决策者；相反，听不进去意见，听不到各种不同的声音，自命不凡，固执己见，必遭深刻教训。

在知识爆炸的当今社会，任何人不可能什么都懂，各方面都精通的人一定少之又少。将众多专才统领起来的组织者、管理者，唯有尽力倾听，并按客观规律办事，才有可能切合现实，卓有成效，否则便难以胜任。管理者不是非得什么都懂，而要在综合各方意见的基础上，做到整体协同、平衡配合，且以能形成强大而持久的合力为准则，尽量避免产生分力，甚至人为制造内耗，这才是管理的精髓和领导的艺术。

2. 短时实践检验不了

自然科学、工程技术类问题新研究出来的成果，管理工作者一般不具备实验检验的条件和能力，故自己肯定无法完成此研究成果的实验检验，但是他会间接地接受实验检验的结果，也就是会阅读专业技术人员的研究报告，甚至查阅论文或者专利等，一般说来还是值得信赖的。

但也不排除专业技术人员，为了追求过高的经济利益，明知一般民众乃至管理人员的知识盲区，捏造新概念和新技术根本没有的先进性和优越性，蒙骗广大公众，从中牟取暴利。科技骗子便是这方面的例证。其实这是人的自然属性中自私自利的表现，若没有社会属性抗衡，后果不堪设想。若是个人自身社会属性强大，也能极大地约束住自己自然属性的泛滥，并在和人的相处中，有着利益冲突时，表现出明显的自律节制。若是社会群体中，有着强大的社会属性文化，如法律、法规、道德文化力量的制约，也能使个人的自然属性大大收敛。其实大部分人的自然属性是靠群体文化中的社会属性限制的，只有少部分人靠着自身的社会属性来自律。

科技工作者大多是值得信赖与尊重的，但也不能对每个科技工作者都不加怀疑地相信，因为事前并不知谁是不能信赖的。只要我们有了这种批判性思维，不仅上当受骗的概率会大大减少，行骗的伪君子也会明显减少，因为公众的眼睛是雪亮的。

因此，对于科技成果及其科技产品，短期判断不了的，可先放一放，不急于定论，更不能盲目跟进，随着时间的推移，情况会慢慢变得明朗。故耐心等待方为上策，急于跟进至少有经济损失的风险。

面对科技成果的辨认，一方面管理工作者可能评判失误，另一方面科技工作者有可能作假。作为管理工作者，不仅要判断，更难的是还要决断，若遇时间紧、任务急，管理决策者有时也会失误，这是在所难免的，故应客观公正看待，而不可偏激对待。

3. 长时可进行实验、实践检验

所有新研究出来的成果，到底实用效果如何？理论初检只能给出一个基本判断，而不能就此确定。短时实验检验，可给予信心、动力乃至方向，也不能最终确定，唯有进行长时间更广泛领域的实验、实践检验，才能最终决定该研究成果的命运，明确其使用条件和适用范围。

作为管理工作者的领导决策层，现实情况往往是不允许等到长时间更大范围的确定检验后才去作决策，而必须在一段时间内作出决断：用还是不用，干还是不干，真有种时间不等人的感受。这时只能凭着理性初检的基本判断和短时实验检验的初步结论，综合考虑各方面的分析进行决策，先用起来再说，边用边看有没有新的情况出现。此种情况下，有可能长时大范围的实验检验与短时实验检验的结果一致，那就太好了。这种情况肯定会相当多地存在。

第二阶段 认识检验阶段

当然了，也有短时实验跟长时大量的实验检验不一致的情况，用了后发现问题，根据实际情况再做调整和改变。现实中一般会按良好的预判去做选择，绝不会等到完全确定了才去决策，再去干，因为这样显然会失去更多更大的机遇，也即是说，担负着决策的管理工作者时常是要冒风险的，很难万无一失。失误在所难免，因此公众要表示理解，允许在不确定性的决策中犯一些错误，谁都不可能一直正确。况且管理工作者不做不行，怕错失良机，做了又面临出错的风险，至少其愿望是良好的，应当给予其一定的试错机会。应当清楚，管理工作者与公众的感受定会截然不同，应当抱着谋事在人的心态，安慰自己成事在天。

经历长时大范围实验、实践检验的成果，其真伪性、局限性后人都会知晓，受益最多的是后人，故后人更应珍惜这来之不易的成果，感恩前人为此不懈的付出乃至牺牲。而前人就没那么幸运了，特别是事前、事中的管理决策更加艰难，局限性在所难免。认识到了这些细节和过程，面对不成熟的成果，也应心平气和。总之，心底无私天地宽，当事者的艰难处境，评判者很难体会。但愿公众乃至评判者，多一些包容和务实，少一些脱离时代背景的"横加指责"。

（三）对于一般民众而言

自然科学、工程技术类问题，对一般民众而言还是陌生的，那么面对不断涌现的科技新现象、新概念、新成果甚至新产品，一般民众又该如何应对或反应呢？这当然不能一概而论，要看这个新成果或者新产品与民众是否密切相关，即民众对新产品有无强烈的需求。若无需求可以不反应，最多了解了解而已；若有需求，那要学习的东西就多了，可能学了后仍然一知半解，因此判断选择乃至使用起来效果也会大打折扣，甚至上当受骗的风险也会存在。

第二阶段　认识检验阶段

1. 理性检验不了

由于一般民众受知识视野及专业技术能力所限，对新研究出来的成果、产品难以从理性上作出正确判断。但从产品介绍或广告宣传上，可以判断此款新产品又非常切合自己某方面的实际需求，自己还有足够的经济实力购买、使用，又在自己的筛选范围之内，购买的意愿自然很高，但这并不能说明他对新产品的真实可靠性已有足够的认识。更多人这时可能会从良好的愿望出发作出选择，相信新产品的广告宣传，于是决定购买。到底这款新产品的实际效果是否如同产品介绍、广告宣传的那样优越，用了体验后自然感受最深。不可否认，大部分产品还是一定程度上与宣传基本相符的，或许会有些许夸大宣传，毕竟新产品总有不完善的地方，有待进一步改进和不断升级。每项技术的进步，总有个漫长的演变发展过程，不可能一步到位而完美无缺。

也有一些新科技产品夸大其词，虚假宣传，欺骗不懂的民众，透支科技工作者的良好信誉，牟取短期的利益，在实践中总会被民众识破，很快也就退出市场了。这是必然的结果，说明一般民众虽不具备专门知识，但实践出真知，假的始终真不了。所以对待新科技产品不能不信，也不能全信，一方面要看产品介绍、广告宣传，另一方面听听试用者的反应，即观察别人的检验结果，结合自己的生活经验、经历常识，综合多方面分析，作出判断乃至决断，较为稳妥。如果不是很急需，对于新科技产品可以先放一放、等一等，可靠性更大。

现实社会中的众多科技产品，门类繁多，层次深度差异极大。普通民众的实践检验水平有限，对于科技产品的认识更为有限，所以一般情况下，对于科技产品的检验须借助专业人士的辅助甚至是说明。当然，随着科学知识的普及，人们对于常见的科学现象及原理已有相当的了解，科技产品的工作原理也随着媒介的传播变得触手可及，一旦他们认真地检验科技产品或成果，是会得到相当多的"辨别真伪"的能力。

2. 短时实践检验不了

对于高精尖的科研新成果，一般民众自身根本不具备短时实验、实践检验的条件和能力，也没有必要自己亲自去实验、实践检验。如果有科普兴趣的话，可以观看、查阅、倾听科技工作者的直接实验、实践检验结果，学习相关报告、科普宣传。通过间接的途径获得信息，对一个非专业人士乃至一般民众已经足够了。以上这些渠道完全可以满足广大公众对科普知识的兴趣，好奇需求，增加公众对大自然奥妙无穷的广泛认识和深入了解，享受高科技带来的美好精神生活体验。

面对提供给广大消费者的高科技新产品，民众还是需要短时实践检验的。因为你要使用它，适不适合自己，性能能否达到产品介绍、广告宣传的那样，自己的经济实力能否承受，是现在购买使用，还是过一段时间再购买使用，都需要仔细考量。

当然可以有多种途径去深入实践，最常见的就是参观销售部门精心设计的产品演示体验馆，其间有各种优越功能的展示，人们可以参与部分功能的实践操作感受体验。如新能源汽车的试驾，其操作系统的灵活与反应速度、其续航能力的强弱，可以通过体验其驾驶过程而得知优劣。又如新的电子设备，如手机、电脑等，都可以通过亲自操作或使用而得知其技术的先进与否。

对于自己不太了解的科技产品，还可以通过周围人的实际使用，以了解更多的实际情况和存在的问题，此处的因素便是"口碑"效应。"酒香不怕巷子深"，优秀的产品，尤其是科技产品，在信息发达的今天，优质产品的口碑传播存在一定的"马太效应"，故而大众的口碑也是检验科技成果的一个工具。

也可通过网络客户评价了解新产品性能，此种途径信息量大，并能快速获得，但真实可靠性难以保证，不排除客户的评价有所偏颇，还有受利益诱惑的虚假评价等，所以网络评价须带着一双"慧眼"去看待。还得综合自身的部分实践体验，以及周围人提供的间接感受，加上自己各种信息常识的基本判断，作出自认为准确的判断乃至决断。

对待不同需求的新成果、新产品，其应对策略也会有相应的不同，这叫作具体情况具体分析，具体对待。精神需求不同于物质需求；刚需不同于一般需求；个体又处在彼此不同的社会生活环境中，个性的价值追求各不相同，所以适合别人的不一定适合你，适合你的也不一定适合别人。故在当今这个个性化的世界中，对同一科技产品的科学实践、科学检验，需要多方面考虑，不可"迷信"一面之词，更需要提高自身的科学常识，以辨明科技产品中的"真金白银"。

3. 长时可感受实践检验结果

对于科技类问题，一般民众容易从良好愿望出发去作评判和选择，难以在短时实践检验上获得足够的证据和验证。如果某新成果不急于判断、选择乃至使用，倒也无关紧要，随着长时的实验、实践检验，会有更多更充分的证据和报道大量涌现，货真价实的新成果都会保存下来，并被越来越多的人所接受和使用，而弄虚作假乃至脱离实际的，逐步被人们识别或认识，并随之淘汰。相信实践是检验真理的唯一标准，能经受住时间考验的，才是值得信赖的。此时再作判断，效果会更好，对于购买优质科技新产品尤其如此。

但是很多民众等不及长时实践检验，因为这个时间可能太长，远超出自己的使用需求时段，失去时效性，因此权衡利弊后他们会认为得不偿失，从而否定这一方案。

综上所述，若人们有需求，特别是强烈的需求，不妨试一试，但也应尽可能多地做调查研究，从各种信息途径获取信息，掌握正反两方面的充足数据，然后权衡利弊得失，作出自己的判断和选择。"如人饮水，冷暖自知"，唯有身临其境者感受最为真切，旁观者难以获得最为真实的感受，这也是亲身检验乃至体验的价值所在。不吃梨子，怎么

第二阶段　认识检验阶段

知道梨子的味道！

当然了，不是人人都能做到多途径充分调查研究后再作决断，更有甚者，只获得一些有限的信息便信以为真，冲动地、快速地作出判断和选择乃至行动。这样的人还不在少数，他们只能在现实中碰壁，为自己的不慎重付出代价。规律从不同情弱者，始终秉持一视同仁的态度。

客观现实的教育最能使人信服，吃了亏下次才能谨慎决断和行动，这叫吃一堑长一智。尤其在科技发展方面，自然规律发挥着重要作用，遵循自然规律行事是必须的。人们对所获知的新自然科学知识可以在一定的时间内进行认知检验，并且不断修正其细节，从而得真知。而盲从者则易臆断其真伪，即使当时有远见的智者告诉这些冲动者，他们也不见得相信，因为认知水平所限，加上没有体验识别不了。

长时大量的实践检验，定能让参与其中之人明白是非曲直，而没有参与实践检验的人，早晚还得补上这一课。客观现实总能发挥不可替代的作为，让人人都能在客观现实面前折服，只是其时间较为长久，有的甚至是多年后才能得知，所谓"操千曲而后晓声，观千剑而后识器"。

二、社会科学、人文类学科知识的检验

社会科学、人文类学科知识的检验的共同特点包括明显的主观性、动态性以及多因素交织等。社会群体中的人生活在自然环境中，因此社会规律摆脱不掉自然规律的制衡，除了由于人的参与产生的主观性，自然规律与社会规律相互制约，也会形成动态性、多因素交织等特点。这样就形成了现实社会中各种不同的体制、机制、政策、法律等表现形式。

社会科学的研究方法，常采用定性研究法（如访谈法、案例研究等）和定量研究法（如问卷调查、实验法、统计建模等）以及混合方法（如比较

第二阶段 认识检验阶段

研究、历史研究等），并常把定性和定量进行各种有机结合。针对创新性的研究探索，在社会组织管理中，也会借鉴自然科学的实验方法，并加以简化运用，先行先试，发现问题再进一步规范，然后逐步推演，再不断完善。

正是基于人的不同个性，还有不同的群体文化及价值观，面对群体管理的社会科学，既要考虑整体性、长远性，又要兼顾个体差异、眼前感受。其政策、法律的制定相当艰难，总有考虑不到的地方和时候，有些管理制度在实践中去检验代价还非常巨大，故只能有限、慎重地去检验，尽量把实践代价降到最低。

初衷虽同样的好，结论却千差万别，有些人只看眼前，若考虑长远又会产生完全不同的结论；局部看有一种结论，整体看又产生另一种不同的结论。所以实践试点后，不同的人常得出完全不同的检验评价结论，甚至截然相反的结论，这便是社会科学常常面临的现实。这不能用自然科学实验来类

认知过程三段式

比，自然科学可以先进行实验，实验之后至少能明确方向，有时还有明确的结论。社会科学、人文类的检验，因受众多因素的制约，一般既复杂又很艰难，也很漫长，故需要耐心，更需要长期实践检验，才能明辨相关与无关，而短期检验结果不明朗时，常常出现众说纷纭、争论不休的情况，这需要时间来慢慢检验并消化。

（一）对于管理工作者而言

社会科学、人文类学科知识管理工作专业但很多元，体现在主义、路线、理念上的大不相同，从而出现完全不同的管理体制与模式，孰优孰劣，短时难以明显说清，长时自然会感到各自不同的优势和劣势，有时没有最好，只有更适合。也只有适合才得以延续，不适合的会在实践中不断改进和逐步完善。

1. 一般先经验、理性初检

管理工作者遇到了管理中的现实问题，不得不

第二阶段　认识检验阶段

提出破解之策，无论是战略上的还是战术上的，也不管是学习他人的还是自己独创的，总之必须有自己的一套价值标准。然而现实管理中，这个价值标准会受到众多因素的制约，特别是以前未出现过的因素，故总有想不到甚至不切实际的地方。若条件允许，可以多人研讨辩论，以弥补这方面的不足，做些经验、理性的初检。当然了，经验是否好用，不能一概而论，取决于经验内的事物是还未变化，还是已经变化，若未变化自然好用，若已变化，就不太好用了。这便是经验常面临的两种极端情况。

但是现实管理问题并非那么简单，现实错综复杂，各种各样的例子都能举出好多，一时半会儿谁也说服不了谁，这便是经验、理性初检常常处境尴尬的现实存在。即使有远见卓识、洞察力深刻的大格局之人，也不见得能让常人接受或认可，因为常人根本想不到，更无法看到，即得不到自我认识乃至检验。看来英明之人、英明之举均为事后评价，而非事前、事中就能认识到的，所以，我们更看重的是事前判断。

春秋战国之际，我国曾存在不同的思想流派，在不同历史时期发挥过不同作用。正如中国历史上的法家、儒家哪个更好一样，乱世时法家有了用武之地，而和平年代儒家显得更有价值些。各种思想都有其不可替代性，也有其适用阶段和对象，切忌绝对化，一好什么都好，一坏什么都坏，管理上的事情，哪能这么单一和单纯？要知道管理是社会科学，其规律复杂多变，常因时因地因人而变，没有一成不变的普遍规律，可有具体的时效结论。正像某一优点也会变为缺点一样，在这种情况下明显地表现为优点，而放到另一种情况下，这个优点却变成了缺点，所以得认识到社科类、人文类知识的辩证内涵，对立加以检验，而不可绝对化。

面对这样一个客观现实，你不能因不确定性较大，可变性较多，就不管理了。那么该怎么管理？在历史案例的经验和教训基础上，结合新情况预见的分析判断，提出各种备选方案，共同研讨，觉得

第二阶段　认识检验阶段

可行就去实践，觉得不行的可以放一放、缓一缓，再进一步思考或研判。对于特别重大的管理改革举措，可开展局部试验区试验，只有理性和实践不断交替进行，才能一步一步深化认知，并不断接受各种检验，最终找到切实可行的路径。社科类、人文类知识一步到位，一次成功的例子极少可见，允许局部犯错乃至失败，从而确保整体成功已经很幸运了。

　　人类社会的发展史、进步史、文明史便遵循以上规律，不可能不失败、不受挫折，失败与挫折都是进步的必要代价。人们的心态应放平和，绝不可什么都追求一贯正确，那仅仅是理想状态、一厢情愿，应明白失败乃成功之母的道理。明白这个道理的人，就不必对管理工作者求全责备、过于苛刻，犯了错能及时发现，并纠正过来，跌倒了再爬起来，继续前行，社科类、人文类知识才能有发展的机会和动力。

2. 局部小范围实践检验观察

经验、理论初检后，尽管有些思路和方向，但还不能完全确信，这时局部小范围实践，显得尤为必要和重要。

在实践代价不是很大，引起的负面效用不严重的情况下，也就是在可控的范围之内，可以加快推进小范围的实践环节检验，由此查看理性分析的合理性和存在的不足，以及还未预测到的新问题，然后循着实践—认识—再实践—再认识的交替推进，通过一段时间的实践探索检验，确定下来更为合理的方案，之后可以逐步大面积推广，会更为稳妥些。

而对于实践代价较大的事情，应慎之又慎，在充分做好各方面准备或铺垫后，再实行小范围的试验区，如深圳经济特区改革开放试点，以及国家级自贸区试点等，获得了足够的经验，并发现由此带来的方方面面的重大变化以及不利影响，经过一番审慎评估后，再作适当推广的决断，进一步积累经验，发现更多积极有利的一面和消极不利的一面，经验比较成熟后，稳步全面推开。

3. 长时大范围推广，实践检验确认

局部小范围实践检验后，既有成功的地方，也有发现了不少问题的地方，但不能就此草率断定继续推广进行，而要从更长远的角度分析判断是利大于弊，还是弊大于利，这是因为从长远效果来看与从眼前来看对同一事物的评判结论常常并不相同，有时还会截然相反。如果不明白这一常识，而把眼前当成长远，必将酿成大错，这样的现实事例真是多不胜数。

所以，在部分实践的基础上，作更多种可能性的理性分析、论证，显得必不可少，不仅要有眼前与长远的时间考虑，还要有局部与整体的空间考虑。因为制约管理工作的因素非常多，且相互关联，牵一发而动全身，若以点代面，以少代多，以小代大，必将脱离客观现实。因此，务必多方面、多因素、多标准权衡考虑，再作决断和调整较为稳

妥，防止莽撞冲动和理想化行进。决断者必须对自己的决策乃至行动担责，这便是领导决策的艰难性，唯有体验者感受至深。

　　管理工作变化是绝对的，不变只是相对的，所以经验不一定总好用。但它不管变得多难、多复杂，总得不断推进。通过对历史经验与变化情况的充分分析论证，以得出的认识指导更大范围的实践，并不断接受检验和及时反馈，也就是实践之后再总结历史经验，结合出现的新情况继续分析判断、选择，再去实践检验深化认知。认知—实践—再认知—再实践，交替循环，才能搞清社会管理的方方面面的局部相对稳定规律，知晓不同的范围、不同的阶段有着不同的规律。它们既有延续性，又有变化性，所以不能静止地对待社会管理，而必须用发展变化的眼光去处理社会管理问题。并且管理工作既要考虑社会运行规律，又要顾及群体中各类人的心理感受。一般而言，此工作不太可能做到尽善尽美，因为不同人的诉求完全不同，有的还不一定合理，故永远不可能让每个人都满意。高明的管理者必须清醒地认识到这一客观现实，并能恰当地把握"度"，这并非一朝一夕就能达成，而是个高难度的技术活，还得慢慢历练。

（二）对于社科人文工作者而言

社会科学、人文类学科包罗万象，且特点不一，笔者感触比较深的是人文社科工作者与政策、法律等管理工作，姑就此方面进行讨论。人文社科工作者获取知识的途径是十分丰富的，有文献资料的整理收集、田野调查、社会问卷调查等方式，研究的对象往往是丰富而鲜活的，其流动性是人文社科研究知识的一大特点。政策、法律法规等内容作为人文社科类的一部分，随着时代的变化而变化是其生命力常青的重要原因，但其知识的诞生、形成与发展，是一个不断产生、不断接受检验的过程。

1. 可作些理性初检

人文社科工作者面对社会上出现的新现象、新情况以及各种不同的认识建构观点，首先给出自身的评判或者解释，用本专业的理论和方法作出批判性思考，从理论和常用方法阐明自身的观点和立场，其结论可能符合本专业的理性判断，也可能不符合。符合的可认为理性初检过关，不符合的要进一步分析原因是先前的理论不适用新情况，还是对新情况新问题的实际调查和掌握不够充分，直到弄清真正的原因为止。

当然了，对现实生活中的事情，特别是涉及社会中各种不同群体公平和谐相处的政策、法律等规章制度，其制定必须考虑众多方面的利益诉求，并予以权衡考量。因此人文社科工作中的理性判断或初检，只能代表这一领域的评判观点，是否做到了综合全面的考虑，并不强求广大其他领域的认可。但政策、法律规章制度的知识，必须倾听不同角度、了解不同领域的反映，进行研讨或争论、辩论，甚至试行若干时间，最终才能找到切合实际的政策、法律规章制度。而且，事物总是向前发展

第二阶段 认识检验阶段

的，政策、法律规章制度也会不断修改，调整，乃至逐步完善，不能以刻舟求剑的方式来处理活生生的事情，所以政策、法律规章制度的理性初检对人文社科学者有更高的要求。

虽然人文社科类各专业相通，或者相辅相成，但各有其专业范围与局限，知识的初检往往与自身知识的积累和见解相关，故而初检的过程既是印象式的，又是理性的。在理性初检阶断，若人文社科工作者固执地站在自己的角度，站在自身的参考系上，仅用自己所知去评判其他人的成果，肯定是犯了不易觉察的"标准"不标准的错误。所以，我们的人文社科工作者，应该既坚定自己的研究成果，又保持怀疑的态度。若跟他人的观点取得了一致，至少证明理性初检可靠；若不一致，既应质疑别人，也应质疑自己，千万不可只质疑别人，而忘记了自己。

历史上确有人文社科工作者站在自己的角度上，评论所见的各种知识，因学术观点不同而彼此不认同，更有冲动者还依仗自己被人尊重的学术地位和声誉，在公众面前对他人横加指责，使其尴尬无以自处，最终导致二人之间产生龃龉。他人不认可自己的观点，可能还未认识到自己的学识有所欠缺，还有可能是站在另一个学科的角度认为自己的做法不妥。二者的角度不一致，自然得到的结论不一致，从而采取的方法也不一致，这需要各方有认识消化的过程和实践。如果双方坚持不下，现实将会给出最终答案，当然这个过程也是人文社科不断发展的最终结果。人文社科工作者若想要提高自己的初检水平，换位思考不失为一种既理性又有限的方式，因为它在认知结构里是与他人有效沟通、提升自我认知检验能力的重要方式。

换位思考，说起来容易做起来难，对一个没有相关研究经历的人文社科工作者，他们一般无法转换相关研究者的角度去思考或评判，故对相关知识难以得出客观公正的评判，这种事例在现实中比比皆是。人文社科工作各个学科之间错综复杂，很难

第二阶段　认识检验阶段

分出一个优胜劣汰，而相关知识的研究者过专过窄的知识面，使他们往往对自己的所学所知情有独钟，彼此之间的矛盾就在于认知角度不能很好地转换。如果提升自己的知识面，拓宽自己的视野，理性初检的准确性便能得到提高。

2. 短时实践检验很有限

人文社科工作者尽管做了理性初检，但不论理性初检是否符合真实，所得的认知还得通过部分实践，用本专业常用的方法，如访谈法、案例研究法、问卷调查法以及统计分析法等进行有针对性的求证，以进一步确定之前理论是否适用。并且，求证中可能会发现新情况、新事实、新问题，从而引发人文社科工作者的深入思考和研究，这便是有限实践检验的推动。

面对人文社科的丰富内涵，由于研究对象复杂多变，不确定性很大，故深刻认识其本质规律一般很慢，不像自然科学那样通过实验手段能较快确定结论，况且针对不同的群体其结论还表现出多样性，而非唯一确定性，这正是社会科学研究的艰难之处。

不管研究多难，结论多么不确定，人文社科类的认知总得艰难前行，在既有研究方法的基础上，不断引进其他学科可借鉴的方法，如部分实验法、统计建模法等，把定性研究的优势和定量研究的精准进行各种有机结合，以获得创新性的研究探索，破解社会组织管理中的种种难题，甚至搞试验区、试点工作，以检验研究成果是否可行，便于下一步确定有无必要逐步大面积推广试验，继而决定能否因地制宜地形成当地的特色模式。

故人文社科工作有限的实践检验，其结论仍然会带有本专业的片面性。

3. 长时可亲身感受实践检验结果

人文社科工作者尽管对各种各样的社会现象与现实进行了深入的理性思考和探索，得出自己的观点和见解，甚至还接受了本专业的短时部分实践检验，不论其检验的结果是完全符合，还是部分符

第二阶段 认识检验阶段

合,或是结论还需要部分修正,此时若检验者认为已找到社会现象和现实的某些规律,那还为时尚早,因为认知还须接受更长时间、更大范围的实践检验,才能最终确定是否找到了社会科学研究探索的规律。

人文社科工作者往往被认为是研究者的角色,而社会组织管理者往往被认为是实践者的角色。研究者的观点和结论,在经受了短时实践检验觉得成功后,若要实现其结论的现实意义,还得进一步推广到社会组织管理者的实践中接受检验,以发现是否还有新的问题出现、理论和实践的距离有多大,积极听取实践者的检验反馈。

这需要经过多场合的实践检验反馈和多次调整修改才能逐步完成,当然需要更长的时间,不断反馈、不断迭代升级,看是否有相对稳定的规律存在。其若存在,总算找到了社会中某方面某些相对规律,这种感受自然是最成功的;还有可能短时觉得成功,更大范围里去实践检验却不适应,甚至长时没有相对稳定的规律,这种情况在社会科学中可能存在得更多。因为社会科学规律相对不稳定、多变,时效性很强,而不像自然科学规律相对稳定,长期适应不变,这正是社会科学和自然科学的不同之处。

面对社会科学,人文社科工作者长时可亲身感受实践检验结果的多种多样。如对于社会中的法律、法规、制度需要更长时间、更大的范围的实践检验,修改调整完善,最终形成健会的法制体系、法治环境,以满足更多的个人诉求以及公众的合法权利、利益保障要求。若做不到这些,在司法实践中,必然会出现更多的现实问题,甚至各类矛盾冲突。通过实践应用,法律制度建设逐步完善,从而形成被各个利益群体都能接受的法律条款和实施细则。当然,随着社会的发展和进步,也会出现新的问题和矛盾,当之前法律不适应新情况时,不仅要修改法律,还有可能会出现新的法律法规制度,这便是社会科学规律不断变化的现实和常态。

第二阶段 认识检验阶段

人文社科工作者既要坚信自己的研究和探索，又要不断吸纳各个不同利益群体实践后的意见反馈，只有不断倾听各方面、各层次的更好声音，并建构在自己的研究探索中，才能得到兼听则明的研究规律灵性，否则只能得到脱离实际的研究结果，终而被社会现实所抛弃。要想获得有价值的能让更多人认可的社会相对规律，必须接近更多人、更多方面，更多考虑客观现实情况，考虑得越周全，也就越来越接近真实，才能被长期认可和适用。在人文社科研究中，对于个别杂乱无章的现象，也可当作次要矛盾而忽略不计，应该抓住大量有规可循的主要矛盾，便能找到相对稳定的统计规律。说实在的，社会现象和现实中的很多规律其实都是统计规律，正像热力学中的统计规律一样，而非确定的牛顿力学规律。

人文社科工作者如果明白了这一点，就不会对自己求全责备，自然科学中也有统计规律，在社会科学中更多。正像我们对待一个人的评价一样，不能要求完美无缺，这肯定脱离人的客观现实，只要优点大于缺点就可用。并且用人之长，容人之短，这既是务实的选择，也是在客观现实面前的无奈之举，更是统计智慧的结晶。还有一些规章制度，既有有利的一面，也有不足的地方，我们只能追求利大于弊的选择，而应弃掉弊大于利的决断，应当明白任何事情，不可能只有优点，而没有缺点。客观现实就这么现实，我们必须务实的面对，而逃避既解决不了问题，又会挫失良机。

判断人文社科方面的认知的准绳，只能是各种各样艰难处境的客观现实，能处理好艰难处境客观现实的理论就是好理论，能解决艰难处境客观现实的方法就是好方法。尽管是统计规律、统计方法，只要好用就行，能长期适用更好，能短期适用也行。但愿我们的人文社科工作者在更长时间、更大范围的实践中检验自己的认知，成就自己，在不断否定中提升自己，严防脱离实际的空洞教条，提升认知的水平。

第二阶段　认识检验阶段

（三）对于一般民众而言

民众尽管生活在现实社会中，但未从事过管理工作，故对管理工作的众多计划、组织、实施、协调乃至权衡的细节和过程知之甚少，因此头脑中这方面的相关知识、认识很有限，加之没有亲身的经历和体验，故对认知检验上很多事情的判断，常常感性的时候较多，情感性的表现更多，眼前考虑得相对较多，长远的事考虑得相对较少，整体考虑得更少，因此对事物的判断认知很难与客观现实接近，自己还不以为然。

1. 理性检验的局限性

对于一般民众，在现实生活中总会遇到新的概念、新的观点，凭着自己有限的知识、经验乃至认识，一般很难正确地评判，更有甚者，根本无法作出判断，那么民众对此应采取何种态度？这是现实中摆在民众面前实实在在的难题。

如果遇到的观念与自己的现实生活不是很密

切，可有可无，也不必短时作出选择，这还好办，慢慢消化，多倾听各方意见，通过一段时间的充分了解、思考、深刻认识乃至检验，再评判和选择也不迟。因有充分的认识思考，这种情形下受骗的可能性一般较小。

如果所遇观念要短时间内作判断选择，而在这段时间内你根本无法搞清此问题，也不可能去实践检验，连部分实践检验都做不到，并且这个事情跟你的关系还很密切，涉及你的切身利益，这时你该如何应对呢？一般说来，这种情形是骗局的可能性较大。若能延缓决策，并经过长远而全面的慎重思考，往往骗局不能得逞，而急于求成、获利，常常会让骗局得逞。

尽管各人的理性判断有先前的经验，乃至之前的实践检验，可经验毕竟只对未变化的现实起作用，而对于变化了、还有不确定性太大的社会现实就很难说了，这时应变能力就显得难能可贵。

先由理性判断作出选择的事例还不少。如保健品的广告宣传，声称该保健品有什么什么功效乃至疗效，用了以后才可知晓，用前只能理性判断去选择了，然而理性判断选择又不易作出，也就是超出理性的经验部分检验不了。若遇上正规干实事的保健品企业，广告跟疗效便差距不大；若遇上不正规的保健品企业，虚假广告宣传，吹得天花乱坠，骗钱后又去"打游击"，这时个人的理性判断尤显重要，应当清楚广告宣传跟疗效一般还是有差距的，个别的还会差距很大，故拿不准的先不要轻信，更不要急于购买，方为真正上升到了理性的抉择。

只有通过不断学习思考，吸取他人的经验或教训，提高自身的判断力，即自身对虚假的免疫力，抱着不着急、慢慢来的心态，并掌握这些稳妥应对策略，才能在现实社会中多一些正确判断，而少一些后悔。

2. 短时实践检验不明朗

有些事情短时实践检验仍然得不出明确的结论，或某段时空内还根本检验不了，那只能靠一般

认知过程三段式

民众的经验和生活常识去判断了。在长期实践中检验后再反思之前的判断出了什么问题：为什么会产生这样那样的正判或者误判。这也是普通民众通过自身体验提高认识的一种有效途径。反思多的人收获会更大，而缺少反思的人经历再多也不会有多大的长进，而是否愿意反思就完全取决于民众自身的性格特点了。

同样一件事，有过体验的人和没有过体验的人，感受会完全不同，这实属正常。体验是什么？就是亲身的实践检验，你体验了你才可能相信，而你没有体验，一般是不会相信的，除非是懵懵无知的小孩，大人说什么就信什么。

那有人可能会说：不如亲身体验一下吧。有些事情谁都能体验，有些事情有一些人是不可能体验的，比如说当科学家、艺术家，很多人都是体验不了的，一般民众更是如此。对此没有感受和体验便理解不了，接受不了，甚至不相信，人文社科方面中的众多事情就是这么复杂多样的现实存在。不同

第二阶段 认识检验阶段

群体有着不同的观点和看法，谁也说服不了谁，你能体验而他体验不了，你能检验而他检验不了，事情就这么僵持下来了。换位思考只是个良好的愿望而已，实际上很难做到，头脑中就没有那个东西，怎么能换到那个位置上呢！

人的主观认识也会有偏差，即对同一事物的检验结果产生不同的自我认知，这又涉及这个结果的过程机理剖析了。现实是客观的，人认识客观现实时，难免带有自身的主观偏好，于是得出的结论会有很大的不同，甚至完全相反。人与人的知识视野不同，搜索知识库中的知识，检索的词条不同，即联想的方向不同，还有个体联想到的知识线索又大不相同。如此众多环节不同，得出的认识建构结论定会千差万别。不仅人与人不同，即使同一个人，不同的时空点得出的初步认识结论也常常不同，这些都属正常。个体多次反复加工提炼，最终会得出一致的初步认识，也可能已上升到自我认知，之后不断接受更多方面的各种检验，包括部分时间实践检验和长期实验检验，乃至综合归纳出自己对某事物的科学认知，从而实现从量变到质变的飞跃。

个体主观上的自我认知可能仍不相同，返回到认识建构过程的各环节，反思对比总能发现分歧点，即发现问题出在哪。通过研讨交流分析对比，加上部分实验检验，集思广益，最终会形成更大范围的科学认知共识，人类社会就是这样缓慢前进的。

3. 长时可感受实践检验结果

民众对各种各样的社会问题，理性上不易作出准确判断和恰当把握，只能耐心等待各方面的实践检验结果。这些实践检验一方面可能来自自身前前后后的不同感受和亲身经历体验，另一方面更多地来自其他人的亲身经历、经验介绍和各种正规媒体报道，经过对长时大量的现实情况资料、素材乃至数据收集，归纳整理并综合提炼后，得出对某社会问题的各种见解和评论，甚至定论。

我们通常说历史自有公道，自有定论，确实如

第二阶段 认识检验阶段

此。但是历史的公道是在很遥远的后来才出现的，尽管这个结论是中肯可靠的，但对于当事人当时的判断乃至选择，只能说远水解不了近渴，这便是长时实践检验的尴尬处境。

那是不是长时实践检验结果没有什么用处了？当然不是，只是它有时对当事人似乎没有直接的作用，但有滞后的价值作用，即至少对以后遇到的种种新情况，有着很大的借鉴作用。这就是知识、经验、经历积累的重要性。因此，必须从长计议，吃一堑长一智，之前的失败、挫折甚至磨难，最终会成为自己以后取之不尽的宝贵财富。故从历史长河中看，自然社会规律还是相对公平的，切忌只算单笔账，只看到眼前和局部，而要算总体账，才会有这种切身感受和深刻领悟。

一个人的经历非常有限，积累的知识、经验用在以后对事物的分析和判断上远远不够，所以必须把视野伸向周围更多的人，还可以伸向历史长河中的众多名人名家，即大量阅读当代优秀作品和历史

认知过程三段式

经典名著，汲取他们的智慧，极大地丰富自身的知识宝库阅历，武装自己的头脑，便于以后应对客观现实中各种具有不确定性的简单、复杂问题时，有足够的理性依据支持，以便作出客观适当的理性分析和基本判断。这便是学习历史，以史为鉴，阅读人类文明精华的价值所在。

其实民众也不是一成不变的，而是可以改变的。这完全取决于民众自己有没有干事情的勇气、劲头，只有干成事情才能成就人，才能被人认可，被人承认，不干事情则只能一直泯然众人矣。

怎么才能干成事？光靠自己努力还远远不够，还要多阅读，大量阅读前人留下的各种各样的经典智慧，吸取其中的精华，为我而用，加快提升自身的认知能力，适应社会，勇于实践和探索，并能解决社会中的各类重大问题，化解矛盾冲突，作出自己对社会的一份贡献，在人类社会的进步史上留下自己的足迹。众多各行各业的成功人士便是这方面最好的佐证。

第二阶段　认识检验阶段

　　请记住，成功从来不看出身，只看是否为社会、为人类做出了有价值的事情，这是评判成功与否的唯一标准。不管是有着良好出身背景的后起之秀，还是没有这方面背景的开创者、挑战者，都应在实践中去检验这一评判标准的真伪，切记不可吃老本，而要立新功，否则就会被超越。

第三阶段

认知应用阶段
——解决现实问题

THIRD STAGE

学习研究的目的在于找到规律、原理，并运用其解决现实生活中的相关实际问题，同时也在进一步检验该规律的使用条件和适用范围，只有在用中才能发现更多的实际问题，也只有在用中才能找到切实可行的破解之道。很显然，离开了用，学习研究只能是纸上谈兵，其效果如何，必须接受实践的严酷挑战和考验，才能最终确定。

一、认知基本素养的诊断与指导

经过之前的实践检验，此阶段认识已上升为认知。认知基本素养不会从天而降，更不会凭空而来，而是从学习实践中经过不断反思，深入思考逐步认识而来。可在不断应用中持续加深乃至强化这种规律、原理、原则的认知，从而更加坚信，乃至逐步形成自己的认知基本素养，并在更长时间、更大范围的反复实践体验中，慢慢感悟而达到深刻认知。之后在现实生活中，不断自觉地加以使用，还有可能发扬光大。

（一）是否存在知识局限性的问题

每个人的家庭背景、生活经历、工作经历、阅历、受教育程度总会有所不同，从而使其所具备的知识及其结构乃至经验也会大不相同，因此在接受新事物时，多多少少会受自身知识、经验的影响，不同人会有不同的认识、不同的想法乃至不同的行动。

人的局限，其根源在于自己的知识库中知识不足或者结构不合理，在认识、思考处理问题时，正好需要的知识自己不具备或者不充分，于是出现了只能用有限的知识去认识、思考和处理，有时虽然

第三阶段 认知应用阶段

也能处理，但其结果将会大不相同。当时自己并未意识到是知识的局限所致，等到客观实际中检验后，发现不是自己所认为的那样，这时才会醒悟。不过也有人仍执迷不悟，现实社会中的人就是这么的复杂和多样。

大家都听过井底之蛙的故事，青蛙坐在井底说，天只有井口那么大，显然这个结论是错误的，但是青蛙不承认自己的错误，认为自己看到的确实如此，这是由于青蛙的视野局限所致，造成脱离实际的错误，青蛙还无法觉察。若不扩大它的视野，克服它的局限性，它是无法获得正确认知的，若让青蛙坐在井上，认知自然就完全改变了。足见，视野开阔了，知识不局限了，正确的认知自然容易获得。

如果说，青蛙一直坐在井底，根本上不来，其错误的认知会一直顽固地坚持下去，而听不进去任何正确的见解，现实生活中这样的人和事随处可见。给他讲再多的正确见解也没有用，在他的局限知识乃至检验中，别人所说的得不到切合实际的检验，故他不接受也不承认。唯有想办法扩展他的视野，让其不再局限，正像把青蛙从井底弄上来一样，问题自然就能迎刃而解。

很多教育问题，如教育成效不显著，甚至没有成效，原因就在于学生缺少亲身体验的机会，也就是让实践去检验传授者的观点和认知，一旦做到了或及时检验一下，就非常容易改变学生的局限，乃至错误认知了，在课堂上最有效的办法便是当堂做个演示实验，不信的也就信了，先前认为错的甚至不可能的也承认了，这就相当于把青蛙弄到井上来了。看来单纯的说教，说服力还是很有限的。现实情况是多数的道理未必都能找到立竿见影的演示实验，获得正确的认知是个漫长的过程。如果条件允许，教师应多做些实验，学生则应多参加社会实践，多些见识、体验来改变认知。

客观现实是复杂的、多样的，要改变年轻人的认识需要耐心，切忌急于求成。要知道，欲速则不

第三阶段 认知应用阶段

达，应用时间和各种其他间接的实践验证作为辅助手段，使其扩大视野与知识面。经过一段时间，改变认知的时机也许就来到了。还有一些事情一直都没有机会进行验证，要让其改变认知，客观上讲是很难的，但主观上的诸多努力还是能弥补客观现实的限制的。

知识局限性的问题，我们每个人都会或多或少的存在，放眼整个人类社会，都存在历史局限性的问题，因此只能得到相对真理和有条件的自然、社会规律。关键在于对自己的知识局限性应警钟长鸣，特别是对同一件事和别人有不同的认识时，既要有一定的自信，也要防止不切实际的自负；既要怀疑别人，也要怀疑自己，通过深入实际的调查研究比对后，再下结论也不迟。

面对知识局限性的问题，既不可盲目自信，也不可过于纠结，举棋不定。面对客观现实，还是多读书学习，加深思考研究，不断开拓视野，通过多种途径，倾听不同声音、观点和认识，甚至开展研讨，并积极参与社会实践活动，接受客观现实的实践检验。相信实践是检验真理的唯一标准，理论可以指导实践，但最终还得服从实践，明白实践既是认识的源泉，又是认识正确与否的评判标准。

应当清楚：一切问题都会在不断深化的实践检验与反馈中逐步得到妥善解决，局限性的问题同样如此。

（二）是否存在"标准"不标准的问题

测量某东西的长短，得用尺子作为工具；衡量时间的长短，得用时钟来计时，这些都有统一的国际标准，也就是国际上有唯一确定的基准单位，其标准是规范的，因此比对起来，结论相对确定，而不会产生歧义。正像自然科学规律的结论容易被人们接受和承认一样，源于标准的统一和结论的确定。

然而，社会科学，特别是涉及人的思维和认识方面的众多问题，由于标准的多元和与之相对应的

第三阶段　认知应用阶段

结论的不确定，出现了众多的分歧、矛盾乃至冲突。这些都是结果，而引起此结果的原因大部分人根本就搞不清楚，在那里争来争去，吵来吵去，甚至打来打去，最终还是谁也说服不了谁，谁也不服谁，只能僵持、搁置，甚至长期处于无果的痛苦和煎熬之中。

若能认识或搞清原因，便能大大降低各自所受的痛苦和煎熬。事实上，生活在现实社会中的人都会不知不觉地站在自己的参考系上来分析思考和判断处理问题，即以自己的参考系作为标准来评判自己或他人，然而自己和他人又处在完全不同的参考系上，即各自的生活状态、阅历、经历又完全不相同，你的判断怎么能适合他的真实情况呢？

显然，各自的价值判断标准和行为处事方式会随着参考系的不同而大不相同。因此，对于同一件事，由于所处参考系的不同或者评判标准的不一，评判的结果自然大不相同，甚至相去甚远，于是出现了谁也说服不了谁，谁也不服谁的客观现实。

如果能意识到是评判标准出了问题,通过研讨后能达成共识,并统一规范标准,结论自然也就趋于大致相同,各自也会妥协,并能找到新的平衡点,接纳对方的实际需求,而非一意孤行地只考虑自己的主观愿望。

如果未能意识到是标准出了问题,别人指出还不承认,那么问题的解决将会遥遥无期。

有人可能会说:让各自换个参考系,或者说站在他人的参考系上去观察思考或评判问题不就好了么!想法当然好,而现实情况是想换上去就能换上去吗?问题远远没有那么简单,这可不是人人都能做得到的。

但也不是人人都做不到,对于博览群书、经历丰富,有过多种现实生活体验的人,换位思考还是能做得到的,即能站在各种不同的参考系上观察思考或认识问题。很多完全不同的现象,甚至截然相反的表现都能想得通,理解得了。故见过各种世面的人,各种各样的人都是可以接纳的,甚至是要同情的，必要时还可以对他人给予帮助和指点。当然要有这个高度，这是需要不断学习和大量阅读，尽力充实自己，提高认识，并在实践中不断接受检验和反思，其实人人都是可以朝着这个高度靠近的。

若见识少，换位思考就会很困难，因为头脑中就没有这个东西，更谈不上体验，怎么能换到他人的参考系上去观察思考或认识问题呢？显然不行，故只能一味地站在自己的参考系上呆板地观察思考和认识问题，说长道短，还不以为然。其所作出的判断，常常是那样肯定和极端，还自负地认为自己肯定是对的，并听不进他人的观点和建议。这时最好停止争论劝说，不再耗费口舌和宝贵的时间。等到时机成熟，其能站在他人的参考系上思考问题时，再去争论、辩论乃至劝说，此时效果会更好一些。

不管怎样，只有见多识广，多学习阅读，多经历反思，有着各种不同的生活体验的人，方能站在不同的参考系上思考问题，从而体会到他人的不易或艰辛，相互包容和接纳。如此，人与人之间自然冲突会少一些，分歧也会少一些，当然共识会多一些，理解支持也会多一些，文明和谐的前景更广阔一些。

一般人的表现常常是符合自己参考系上的那个标准，就认为此事是对的，也会积极配合的，不仅孩子是这样，成人也不例外。问题是：你的标准就是对的吗？确实不见得，需要进一步考证后才能断定。而不符合自己参考系的那个标准自己就认为是不对的，既不接受也不配合，这一点，见识短浅的人会表现得极为明显。而进一步的问题是，到底是你自己的标准出了问题，还是他人的标准出了问题，仍需要进一步分析比对和各种验证，才能最终确定。事实上，一般人是根本想不到这些的，只有见多识广的人才会想到这些。

因此，千万不可以自己未经验证的标准去评判思考其他一切，否则很有可能就犯了"标准"不标准的大忌。

第三阶段 认知应用阶段

牛顿经典力学的根基是在时间均匀流逝、空间长度始终不变的经典时空观上建立起来的，从而导致牛顿经典力学与后来发现并被实验所证实的原理间的矛盾冲突无法调合。在理论与实验事实不符时，只能怀疑理论上有缺陷，正是杰出的物理学家爱因斯坦敏锐地洞察到是牛顿经典力学时空观这个根基上出了问题，从而圆满地解决了理论与实验事实不符的矛盾冲突，既不舍旧，又能巧妙地解决与实验事实不符的难题、困境，多么完美的理论升级，这可以称为科学史上用"标准"不标准破解科学难题的典范。

"标准"的调整，在个人心态上同样适用。在现实生活中，心情的好坏、情绪的高低，虽与现实的情况密切相关，但也与个人的良好愿望、期待密不可分，当无力改变现实时，降低期许、改变愿望，通过对标准的适时、适度调整，使人的当前愿望与客观现实接近或相符，心情会由先前达不到的坏转变成接近的好，从而摆脱情绪的低谷，进入正常的情绪状态，这是调节好心情有效而务实的策略举措，不妨可以试一试，感受感受，验证一下效果如何。若始终不降低标准，期望值过高，由此导致严重脱离客观实际，且理想与现实差距极大，心情永远好不了，情绪也提不起来，以至于让自己长期陷入坏心情，这正是不知足，不能面对现实的悲剧，在此方能感受到，知足常乐的高明和降低标准的奇效。

但愿更多的人能灵活而务实地面对现实，用"标准"不标准破解现实中人与人间乃至国家间更多的矛盾和冲突。

（三）是否存在对"人性"认识不清的问题

"人性"有其两面性：一面来自生物性的人，其自身具备自然属性；另一面来自社会群体中生活的人，其应具备社会性或者理性。人就是生存、生活在这样的自然和社会相互交织在一起的现实环境

第三阶段 认知应用阶段

中,想摆脱也摆脱不了,故只能面对,而如何处理好两方面的关系,并把握好各自的"度"而不走向极端则至关重要。

生物性的人有其自身的自然属性的一面,那就是以我为中心的永不满足的生理、心理需求,乃至种种欲望,以及趋乐避苦的本能。也正是这些自然属性成为个人干事情强大而持久的动力源,这是自然属性积极的一面,而这种动力源若与群体活动的社会性相冲突时,会使人只顾满足自己的私欲,伤害周围的人或物,这就表现出了自然属性"恶"的一面,即我们常说的"人性恶"的一面。在大灾大难面前,资源匮乏,利益冲突,关键时刻最能凸显出"人性恶"的一面,而这一面平常还是不易暴露的。

参与社会群体活动的人,有其社会理性的一面,因为每个人都不能离开社会而单独存在,而必须生活在社会群体中,这就要求尊重他人,风险共担,利益共享,才能和睦相处。若只有自然属性,处处以我为中心，便很难与他人交往，即使开始隐藏自我、欺骗他人，也不可能持续下去。这就是人的社会理性要求人必须有"善"的一面，考虑自己的同时，也得考虑他人，公平公正，合作共赢，才能在社会中立足、生存、发展乃至壮大，否则可能走向失败甚至灭亡。常言道：多行不义必自毙，揭示的正是这个道理。但愿更多的人能早日认识这个道理，明白这个道理，并能自如地运用这个道理，从而营造人类社会更加和谐和安宁的环境。

人的自然属性在人的一生中是一直存在的，永远不会消失，但是可以限制和抗衡。用什么来限制和抗衡呢？用人的社会性或理性的一面，通过现实环境的教训，家庭、学校、社会立德树人的教育，让其明白尊重他人就是尊重自己，伤害他人就是伤害自己，帮助他人就是帮助自己，用这些深刻认知来约束和自律自己的言行，去适应社会，把人的自然属性"恶"的一面限制在笼子里，使其不可危害公众甚至泛滥成灾，从而在社会生活中，在人和人的相处交往中，能够更受欢迎，做起事来会得到更多人的支持乃至帮助，最终在事业上兴旺发达。

对于没有上升到这种认知的人，也就是没有经过严格的社会性或理性改造的人，自然属性会占据明显优势，故不会严格约束自己的。应采取手段，对其可能的出格举动严加预防。若预防不到位，便只能用法律法规制度等管理措施去约束了。当然了，当法治不到位或执法不严，违法不究时，即社会大环境"善"的一面较弱时，自然属性"恶"的一面较易凸显。

人的社会性或理性会一直强大下去吗？很难做到。源于每个人的自然属性强大而持久，永不消失，而人的理性有时可以战胜自然属性，表现出"善"的一面。这便是人性的两面性，"善恶"会交替表现，不会一成不变。有时恶的一面会占上风，这便是我们常说的自然界"邪恶"的东西生命力强的道理。当然也有"善"的一面占上风之时，只不过要比"恶"的一面占上风持续的时间短，源于人的自然属性属于内部需求，而人的社会理性属于外部需求，这就是"人性善恶"的社会现实，不可理想，也不要空想，还是实实在在地去面对吧。

"人性善恶"的社会现实提供了教育理论建立的根基，人性"恶"的一面非常强大而持久，且不可消失，只能通过教育对人进行一定的引导。有过丰富阅历，经历过艰难困苦考验的人，其自制力是强大而持久的，一旦形成便越来越稳固，足以压制住自然属性"恶"的一面。不过这种人是很少见的，现实情况是大部分人缺乏这种历练，只靠个人的社会理性制衡、压制自然属性"恶"的一面，效果常常会大打折扣，我们必须正视这种社会现实。

这正是现实教育面临的难题，我们现在学校长时间的"说教教育"经受不住社会现实中的实践检验，即社会教育会让学校的"说教教育"效果大打折扣，甚至颗粒无收。"说教教育"往往是苍白无力的，一来没有触及人性"善恶"的深层现实，二来缺少对"善恶"制衡的深刻认知以及制衡机理剖

第三阶段 认知应用阶段

析,更没有让学生有着切身的现实生活体验,学生凭什么接受你的说教观点呢!要知道,实践既是认识的源泉,又是检验认识正确与否的唯一标准,而脱离实际,缺少体验的说教,怎么能让学生信服呢!只有那些不动脑思考又不去实践检验、盲目相信权威的学生才会接受。

有时学生尽管表面上接受了,由于缺乏冷静思考和深入实践乃至体验,故持久性难以达到,能收到一定的向善教育效果也已经不错了。我们更应该看到一部分学生,高瞻远瞩,能透过现象看到事物的本质,深谙自然社会规律的内在逻辑。只有形成深刻的认知,形成强大的动力源,并练就过硬的思维能力、表达能力、组织能力,加上顽强的毅力、坚定的意志力,才能带领更多的追随者,攻坚克难,在艰难曲折中,弘扬人的社会属性"善"的一面,用正义的力量,压制住人的自然属性"恶"的一面,取得里程碑式的贡献乃至社会进步。历史正是靠社会属性"善"的力量不断向前推动发展的,人类社会制度的变迁，法律的诞生乃至不断修改完善，便是这种社会进步向"善"力量的例证。

这显然是靠一部分人发起的，尽管人数不多，但号召力极强，这说明大师、领袖人物及团队一直是人类社会进步向"善"的火车头。法治是社会"向善"进步的标志，不仅要考虑每个人自身的需求，还要考虑公共需求、公共利益，维系社会的平和与安宁。有人可能会问，为什么会有人不遵守规范？要知道遵守规范，多多少少是要限制人的自然属性的，而没有经过严格社会化理性改造的人，自然属性常常占据绝对优势，故不愿意使自己的自然属性受到限制，这就体现了法治的必要性。

社会法治建设是社会管理的根基，要在对人性"善恶"认知的基础上制定相关法律、法规，使人性"恶"的一面不至于泛滥，还得更多地弘扬人性"善"的一面，但也不可太理想，否则脱离人性现实，也会难以奏效。总之设计上要让人的社会属性"善"的一面占主导地位，让人的自然属性"恶"

的一面有所收敛,达到某种"善恶"平衡。

足够而合理的立法是重要的,有法必依,执法必严,违法必究,才能取信于民。若做不到这一点,法律将会失去尊严,社会将面临动荡不安的局面。执法比立法更加艰难,毕竟立法属于理论层面,而执法则属于实践层面,一般现实情况是说起来容易做起来难。再则执法要由人来完成,而人的自然属性"恶"的一面不可避免,总会让法律的公正性受到挑战,只要不过分,发现偏差,能及时纠正,也能取信于民。

牢记:在任何时候,任何地方,绝不可让自然属性太任性,更不可让社会属性失去理性和自律,这些都会给人带来灾难性的不可挽回的后果,甚至更多的长远隐患以及整体损伤,这些历史教训应当时刻铭记,以防重蹈覆辙。

（四）是否存在"度"的把握不适当的问题

任何事情都存在"度"的问题，你是否意识到是一回事，属于浅层；意识到了以后能否"适度"把握又是另一回事，属于深层。若根本就没意识到，就不会存在"适度"把握的问题，浅层都不知道，深层又怎么谈得上！

自然界的事情是复杂的、多变的，有着量变到质变的规律。同样的好事情做多了，做过了，可能过犹不及，适得其反，甚至变成了坏事情。例如：任何免费的事情都必须是有限的。若一直免费，会把一些人惯坏，在不断、不变的免费中容易形成错误的认知。同样，人有时活在危机中才能知道珍惜。好与不好不是绝对的，而是相对的，看你选用什么样的好坏评判标准，是眼前的还是长远的；是局部的还是整体的；是单一的还是多元的，其好坏的评价结果相差甚大。

第三阶段　认知应用阶段

到底应该怎样去评判，还是与个人的生活经历、经验密切相关，不同的亲身经历、生活体验，使之对某事情的认识深浅大不相同。一切未经实践检验的认识都是无法断定的，只有经过实践的历史检验，才能进一步确认乃至上升到认知高度。

故不仅要认识到事情总是存在"度"的问题，更要从眼前到长远、局部到整体、单一到多元，全面而综合地考虑利弊得失，算总账，权衡后把握达到什么样的"度"恰到好处。不同的事情利弊得失权衡后的情况会大不相同，即"度"的把握因事、因时的不同会大不相同，绝不是一成不变的。对"度"的把握要求人既有着战略思维的长远整体观，又有着战术思维的灵活应变性，大部分人可能不是偏左就是偏右，走向极端的情况会不少，这正是大千世界无奇不有的表现，而能把握好"度"的智者相当有限，我们还是走进大千世界去慢慢地品味和感受吧。

面对饮食这个再普通不过的问题，若吃得不

足，营养不良，会影响身体的健康状况。反之，吃得过多、过杂、过饱，会导致肠胃消化不了，容易发烧、呕吐，甚至拉肚子，小孩子面对美食，常经不住诱惑，猛吃猛喝，故出现以上症状。即使大人劝说，他也不信，更是不听，只能让客观规律去教育惩罚他，让他长长记性，明白胡吃乱喝是会自食其果的。当然也有好了伤疤忘了痛的人，长期胡吃乱喝，会吃出很多疾病来，这便是我们常说的病从口入，有些病短期还能治好，但一些病日积月累，是会缩短寿命的，如肥胖等。细心观察现实生活，总能发现各种各样由于过度饮食的悲剧案例。

人们如今都离不开手机，源于日常生活众多事项都得在手机上进行，如移动支付、微信社交、掌上新闻、购物、导航定位，等等，可以说应有尽有。手机里有着看不完的东西，面对功能过于齐全的手机，又该如何科学合理使用呢？

其实，浏览手机信息需要花费很多宝贵时间，再则长时间看着小小的手机屏幕，眼睛也受不了过

第三阶段 认知应用阶段

量、过强的屏幕蓝光刺激,再加上乱七八糟的不实引诱标题新闻,吸引眼球的醒目图片,人们很容易被没有意义的标题和图片吸引住眼球而不能自拔,好像失去了大脑的操控一般。很有可能既影响了正常的工作、学习,又浪费了宝贵的时间,常低头看手机易患上颈椎病,等等,这些还只是短期的反应,长期的危害会随着时间的推移而不断显现,等真正感觉到了,很有可能已不可逆转。

手机好不好?肯定是好的,在信息时代高速发展的今天,人们确实离不开它,它确实为人们带来了极大的方便,但同时也带来了不少的生活、工作、身体乃至心理的种种干扰或烦恼,特别是对人类视力的摧残是有目共睹的,若对"度"把握不当,长期过度使用,最终视力会早早衰退,从而使很多不理性的人身体未老眼先老,所以我们使用手机的准则是宁要眼睛,而不要刺激。

现在的孩子从小就拿着手机,长时间沉迷于屏幕,实在让人揪心,从身体健康的角度来说,会严重影响视力，容易导致视力早早衰减。从学习、生活、良好习惯培养的角度来说，过度使用手机不仅会耽误或荒废孩子的很多宝贵时间，还容易让孩子受到一些不良信息的影响，他们的是非判断力还不具备，理性还未建立起来，自控力更谈不上，因此必须引起家长、学校乃至社会的高度警觉，必须采用必要的安全防范举措，以爱护我们祖国的未来希望，使之能够健康成长。

所以，手机必须适度使用，爱护每个人的眼睛刻不容缓，教育而不荒废每个人，应成为家庭、学校乃至全社会的共同责任，时刻记住前车之鉴，而不可重蹈覆辙。

家庭教育中同样存在"度"的问题。有些家长不顾孩子成长的现实，一味地用成人的准则来要求孩子。由于家长的无知，只顾自己的感受，而不管孩子的感受，会不断地指责孩子，这也没做好，那也不行，严重地挫伤了孩子的自信心。在指责中长大的孩子胆小，生怕做错事，而不敢直面困难，从

第三阶段 认知应用阶段

而失去很多成长的机会。这是一种过度批评的极端情况，应当引以为戒。相反，另一种极端情况则是放任不管，也不知道该管什么，怎么去管，顺其自然疯长，这容易把孩子放任成"熊孩子"，天不怕地不怕，不懂礼貌，没有规矩，孩子将来很有可能成为危害社会的少年，家长还不以为然，实则这都是家长不称职的表现。正像果树成长一样，不仅要浇水施肥，还得打药、除病虫害，适时适度修剪维护，才能结出硕果来。

面对孩子，要根据不同阶段的成长规律，陪伴、关爱、排忧解难，使其有安全感，遇事不惊慌，能静下心来面对困难，形成战胜困难的决心，最终克服困难。还要目标明确地培养孩子良好的生活习惯、卫生习惯、学习习惯、劳动习惯等，使孩子懂规矩，文明礼貌。对孩子既要有要求，又要不断监督、耐心纠正，使之逐步形成各种各样的良好习惯。不能放任自流，即不说、不管、不纠正、没耐心，家庭教育应该松紧有度，适可而止，既不能太严，也不能太松。且不同孩子的个性特点又不同，不会有统一的标准，应视其不同个性特点而有所变化，要想做到适度，真有种深不得浅不得的感觉，只要尽自己所能去做，就算尽职尽责了。

无论是亲人还是同事，过度帮助也会适得其反。常言道，给一口是恩人，给一斗成仇人。本是不该做的事情，让获得者慢慢习以为常，一旦不做了，反而还不正常了，甚至记仇了。人的欲望是无止境的，对于不知足又不感恩的人，务必把握好分寸，以防出现事与愿违的悲剧。

欲望之事，有些要给予一定的满足，而不可任其无限泛滥，甚至放任自流，否则害人害己，到底把握到什么"度"，这个是教不会，也学不来的，只能自己在实践中去摔打，这是一生都要不断认识和实践，逐步加深探索的"技术活"。

"度"的把握无处不在，无时不有，这与你是否意识到无关。故做事情不可一味地追求尽善尽美，现实中不仅做不到，而且在追求的过程中，客观规律总会让你适得其反，节外生枝，又冒出你不愿看到的结果来，故可追求"小满"，而不可追求"大满"，相信中庸之道是自然和社会之大道，不走极端，适可而止。

面对各种各样不同的人及不同的事，都存在一个适度的问题，这既是一个不断认识的问题，也是一个不断实践的问题，还是一个不同情况不同对待的问题，没有一个统一的尺度，只有一个大致的原则，即把握好"度"，绝不可走向极端，这是每个人一生中一直面临的一个学问很深的课题，还是在实践中不断地去体会和驾驭吧。若驾驭不当，会把好事办成坏事，若驾驭得当，会把坏事变成好事。但愿更多的人学会驾驭的本领，我们这个专题也算有所收获了。

（五）是否存在眼光短视的问题

人们看问题乃至对待、处理问题，就其眼光而言，存在近观、中观和远观，能否意识到是一回事，属于浅层，能否做到有远见又是另一回事，属于深层。若头脑中就没有近观、中观、远观的概念，自然谈不上长远考虑，容易近观、短视地看待和处理问题。

当然，不同的人对待和处理问题，其结果和效果会相去甚远，这也正是我们探讨这个专题的初衷：想让更多的人，在处理问题时，能更接近事物发展的内在规律，本着着眼长远、兼顾当下的原则，把握好远近的平衡术。要多考虑长远的发展机遇和前景；也不要只考虑遥不可及的长远利益愿景，而不顾眼前的实际情况。

要防止把未来的众多可能性当成现实去对待，缩手缩脚，这个不敢干，那个又怕出问题，让可能性成了前行的拦路虎，这是历练不足、能力不强、自信心缺乏、意志力薄弱之人常犯的焦虑和恐惧症，不敢正视未知和未来，未上战场就已丧失了进一步观察、探索的勇气，从而错失很多良机，看来还是没有深刻领会危机的辩证逻辑。

第三阶段 认知应用阶段

人类社会探索科学规律既不应惧怕未知，也不应迷信未知，而应坚持实践—认识—再实践，如此不懈探索，从不停步，艰难前行。摔倒了再爬起来，顽强不屈，总能一步一步曲折地认知未知世界。但愿我们更多的人能成为这方面的勇士，而不要成为逃兵。

走向社会选择工作这件事，是每个年轻人都必须面对的现实，一些年轻人只考虑眼前的经济收入，而没有考察该工作的长远发展前景乃至收入是否会变化，便很快签约。工作一段时间后发现自己选择的工作发展前景堪忧，今后收入肯定会有相应的波动。脑子灵的、能力强的，发现情况不妙便另找工作，一旦找好就去辞职；而脑子还灵活的，但能力不强，再找合适工作也不容易。这便是人无远虑，必有近忧的必然结果。

话又说回来，想看远就能看远吗？我们知道站得高，才能看得远。当你在低处的时候，你的视角是受到很多限制的，只能看到有限的区域，想看远是不可能的。而在此有限的视角内，尽力向远看，能看多少算多少，然后着眼有限的远，兼顾眼前的现实情况，适度处理长远与眼前的关系，也不失为客观务实的选择。

可是当你能看远，而不往远处看时，只顾眼前的蝇头小利，我们只能说鼠目寸光，现实生活中这样的人还确实不少，上当受骗的例子比比皆是。骗子只能骗想占小便宜的人，一些人为了一点蝇头小利，最终导致失去大利，甚至损失惨重，怪谁呢？只能怪自己，天上没有掉馅饼的好事，真可谓愿者上钩。而对懂得事物发展规律的人，根本就不相信这些，也不会要这些不义之财的，真可谓无功不受禄。眼光高远之人不仅时刻有着长远考虑问题的意识，还会把这种意识贯彻到自己的行动中，不该得的东西坚决不能要，最终养成处理问题的一种习惯，一种自觉行动。

而有的人一而再，再而三地上当受骗，因为骗子正是抓住这类人想占便宜的心理，引其上钩，在

第三阶段 认知应用阶段

骗术上不断翻新花样，为了骗取一些钱财，也付出了一定的脑力劳动，还有可能伴随一些体力支出和少量的经济投入。政府部门总会给予查处和打击的，但防不胜防，主要还得靠自己擦亮眼睛，别老想占小便宜，最终吃个大亏。要知道，世上没有那么多的好事，有付出才会有回报，没有足够付出的回报常常是眼前诱惑，长远后悔而已。

其实说站得高才能看得远，仅仅是个形象比喻而已，只是便于大家理解罢了。真正的高是指头脑中要有足够的储备，即要深知自然、社会的很多规律，并按其规律办事，就会顺利。而不知这些规律会在现实中处处碰壁，自然、社会规律会让你明白其中很多道理。当然，人需要很长时间来接受实践中的失败、教训，其损失可能是惨重的，甚至还是不可逆的，最终你自己也不见得一定能明白其中的道理，只觉得自己很冤枉。

所以最好的选择应是广泛学习和阅读，多接受前人的经验教训，加上自己的部分社会实践体验，通过更多的间接经验，结合自身的实践检验，掌握更多的自然、社会规律，运用到自己的人生征途上，使自己从最初的无知逐步走向有知，再进一步从有知迈向深知。正像下围棋一样，先夯实本手后，不忘妙手，时时防止俗手，从而使自己真正站得高，看得远，想得到，做到以远为主线，远近兼顾。

眼前利益与长远利益往往是不一致的，甚至还是截然相反的，这完全由自然、社会规律的复杂性和多样性所致。而不是人们以为的，眼前好长远就一定好，若自然、社会规律这么简单的话，那就不会有看长远、有远见的话题了。家长常常认为自家的孩子上个好幼儿园，再上好小学、好初中、好高中乃至好大学，找个好工作，肯定就能成为优秀人才，其实并非如此。真正的优秀人才是在大风大浪中锤炼出来的，而不是在温室中栽培出来的。不经风雨怎能见彩虹！读读领袖人物、领军人才的传记，就能明白自然、社会规律是多么复杂多样，自然辩证法是多么深奥，世上没有绝对的好事，也没有绝对的坏事，常常是坏事中有好事，好事中有坏事，好坏夹杂，难舍难分。所以要丢掉幻想，面对现实，努力拼搏，积极作为。

风险投资的兴起，正是有人看到了长远的高回报率，才冒这个风险的，眼前的收益不一定能见到，甚至长远的收效都存在一定的风险，因为事物是在多种不确定因素的制约下发展的，尽管风险投资公司有足够的实力去评估，但也难保一定就能成功。只要有足够高的成功概率就值得去风投，风投公司越来越多，说明其对市场的预期还是靠得住的，不然风投公司早就在市场中消失了。

下棋时有人只看一步，吃一个小卒，觉得自己眼前有收获，却不知有利位置已经丧失，而看三步乃至更远步布局的人，正是抓住对方的短视，抢占了更多重要的位置，才赢得了更多的优势，从而舍小求大，吃小亏占大便宜，最终获得全局的胜利。下围棋的通盘布局需要深谋远虑，人生便是棋局的实操实演，不应被小阶段的失败或损失所困扰，只要有利于全局的获胜，小代价是值得付出的，而最终赢得胜利的，肯定是大智若愚的长远谋划者、大格局者，而绝非看重眼前的短视者。

（六）是否存在综合整体考虑不周的问题

人们观察、思考、判断、处理问题，是从一个点出发，还是从一个面出发，乃至从整个空间出发，不同的人其侧重点差异会很大，这当然取决于他头脑中所拥有的素材和加工处理问题的思维方式了。显然，不管如何观察思考，总会有其不同的结论，正像我们机械制图描绘物体的三视图一样，同一物体其主视、俯视和左视所看到的结果，一般会大不相同的，这便是局部、片面的反映。现实生活中，无论是主观的还是客观的原因，局部反映还是整体反映的争论是永无休止的。

大家都听过盲人摸象的故事，盲人摸到大象的哪一部分，就认为大象是这个样子，其感受应该还

第三阶段 认知应用阶段

是局部真实的，但是并不是大象整体的真实样子。若能把所有的局部综合成整体，那就是真实的大象的样子，然而这一要求盲人是很难做到的，其能得出的仅是对于不同部位的局部片面结论。

我们人类认识复杂多样的自然、社会现象，常常与盲人摸象是何其相似，总想得到公众客观的整体评价，其实这是多么不易。意识到这个是一回事，属于浅层，若能上升到综合整体的思考处理问题，又是另一回事，属于深层。

不管怎样，若能意识到以上问题，至少有交流研讨、达成共识的希望。若根本意识不到，甚至以点带面，以偏代全，而误认为是整体的考虑，就很难接受他人综合整体的建议，还会先入为主，以自己的参考系作为评判的标准，把复杂的问题简单化处理。这类人普遍存在于我们的现实生活中。

大家知道，人无完人，我们既要看到人的优点，又要注意到人的缺点，这才是对一个真实人客观全面的评价。要做到这一点其实很难，由于各种复杂的原因，对某个人的评价总带有某些偏见，要么看到的优点多一些，要么看到的缺点多一些，极端情况是只关注优点而看不见缺点，或者只关注缺点而不关心优点。正像我们平时看到宣传报道中的正面人物，极力渲染英明的决策，好的表现，似乎没有不好或者错的地方。宣传报道中的反面人物，几乎都只有不好的地方，不端的行为。不管是出于某种价值取向追求，还是出于什么图谋，有的宣传报道会背离客观实际，具有很大的片面性，严重缺少全面整体性，从而给不知情的民众带来极大的误导。

　　对于这样的宣传报道，普通民众常常信以为真，因为他们不具备这方面的甄别能力，更无法去加以实践检验，又出于对媒体的信任，宁可信其有，如此，宣传者的目的也就达到了。故普通民众从不懂到懂，还是要"交学费"学习的，不交学费，不在实践中受挫，是学不到真本领的，更不会客观全面地认识人、评价人乃至对待人。

第三阶段 认知应用阶段

对有独立思考、判断能力的人，应根据自己掌握的事实和信息，按照自己的评判标准，先作出一个基本判断。切忌只偏听一面之词，而要多听各方意见，即兼听则明，要有自己独立的是非判断，这样才不会信谣、传谣，以片面代全面，以主观代客观，而应该客观全面地评价。对于真实的人，应多肯定其优点，同时应指出存在的缺点和不足。

由于客观现实的复杂多样性，人难免会犯一些错误，所以要允许人犯错误，并深挖犯错的主客观原因，是天灾还是人祸，还是二者都有，若认知到这一层时，便会多些包容。可并不是人人都能深刻认知到这一点，所以同一件事、同一个人，不同人的评价总会千差万别，这也很符合盲人摸象的道理。

对于企业经营管理，主要的宏观评价指标是投入产出后的经济效益，若在一段时间内入不敷出，即出现亏损，将直接面临生产经营难以维持下去的局面，很有可能出现停产甚至倒闭的后果。若在一段时间内，收入大于产出，即出现盈利，从而使生产经营活动得以正常运转，后续还能获取更可观的利润。此时根据市场需求状况，不断加大资金投入，更新设备，有眼光的企业还会加大研发投入，研究出更具市场竞争力的新产品，从而使企业越来越有发展后劲，形成强大而坚实的生存能力。

企业不仅要看到当前的丰厚收益，更不能忘记长远的发展，不仅要考虑自己的经济收益，还得满足消费者多方面、多层次的品质需求，谁能站得高看得全，照顾消费者各方面的需求，谁才能在激烈的市场竞争中立于不败之地，生存的时间更长。而那些挣得盆满钵满的企业，很有可能被眼前的成功冲昏头脑，以为这种状况会持续下去，而忽视了消费者多方面、多层次的需求，以及与之相对应的科研投入，其生存局面很可能也会发生变化。

共享单车的快速崛起，得益于契合了广大上班族的需要，但曾一度带来了妨碍公共交通，给更多人带来不便的客观现实。若能综合整体考虑，并能

第三阶段 认知应用阶段

处理好现实中不同群体的利益冲突，可能还能多生存一段时间；若仍一味只考虑使用者个人的方便，而不管由此带来的不便，其生存会是短暂的，不可持续的，即应验了自然界兴得快，去得也快的规律。

企业能否生存并发展壮大下去，更是要综合考虑多方面的因素。如材料成本、人工成本、运输成本、生产成本各环节的精细化管理控制；员工的工作积极性调动，诸如工资、福利等；企业文化氛围建设；科研团队的投入规模，激励、惩罚机制；领导团队的整体观乃至战略决策。总之，各个部门应协同配合，齐心协力，尽职尽责。哪个企业做得好，便能在现实中取得成果，稍有不慎，便可能酿成失败。

对于小社会乃至大社会的各种管理或者治理，面对不同群体的不同特点，必须考虑不同群体的切身感受，既要尊重他们的劳动，又要关心他们不同的情感体验，方可调动他们工作的积极性，以使其配合管理者完成所要实现的目标任务。

不仅如此，还要兼顾不同群体的工作性质差异，在收入分配、责任担当、利益共享、职务晋升上做到相对公平，不可落差太大。应形成一套完善的收入分配机制与职业晋升体系，使能者愿意多劳，鼓励多劳多得。这关乎各方面利害关系的综合整体考量与平衡把握，足显管理者治理水平的高低。

科学研究主要针对未知领域进行探索，由于研究对象本身的特点，在众多猜想到的可能因素中，不知道到底哪些因素起作用，以及怎样起作用，所以需要不断实验、测试，直到最终得以确认。其研发的时间很长，投入的资金很多，表现在短时间内只有投入，而未见产出，故无经济效益可言。这种基础研究、原创研究往往只能由国家和高校长期投入和承担，而大部分企业会望而止步。从长远考虑，这种暂无经济效益的科研投入还是值得去做的，这就叫作远见卓识、战略决策。

第三阶段 认知应用阶段

然而，现实并非那么表面和简单，其内部还深藏着看不见的物质结构、化学反应，乃至生物机能，其中隐藏着多种多样的自然规律。人类社会的发展规律，既有横向看的广度，又有纵向看的深度，甚至纵横交叉的学科规律。

一定的时候，一定的历史条件下，只能深入有限的"度"，切忌强求。到了哪个时候说哪个话，进入哪个阶段做哪个阶段的事情，顺应历史时代。而这个"度"取决于你头脑中对某事物某方面认识的程度。不同时代的认知差异会相当之大，甚至翻天覆地，努力做好那个时代的自己，尽力地让局部思考多种多样，充分展现想象力，并反复地接受实践的挑战验证，使之朝着接近事物综合整体性的方向不断迈进。

当然了，光靠自己单方面的努力还远远不够，还得借助团队合作，共同达到更趋实际的综合整体效果。

（七）是否存在找外不找内的问题

干任何事情，客观事物本身有着诸多复杂的制约因素和相互关联关系，在这众多主客观因素中能否分清主次顺序，而不颠倒，关乎重大。应明确哪些方面占据着主要位置，其他方面只能处于次要位置，一般说来，主要位置常对应着事物的内部因素，而次要位置常对应着事物的外部因素。

小到一个人，中到一个组织，大到一个国家都存在内部和外部的界限，就这两大方面而言，内因肯定是事物发展变化的主因，而外因只能是辅助性的，外部要通过内部才能起作用，而没有强有力的内部，再好的外部也发挥不了持久的效应，最终只能以惨痛的代价收场，现实中这方面的事例比比皆是。

大国重器的成就告诉我们一个深刻而永恒的道理，核心技术是永远学不到的，更是金钱无法买来的，只能依靠自己的力量，从头开始艰难而漫长的

第三阶段 认知应用阶段

探索与钻研。在这个漫长的过程中，不仅能得到核心技术，更重要的是锤炼了自主研发的能力，这个潜在的价值和后劲是巨大的，是不可估量的，这才是"找内不找外"的真正价值所在。

美国为了确保自己的霸权地位不被挑战，全方位地对中国进行扼制与打压，对中国华为进行封杀，断供芯片，好在华为依靠自主研发重新焕发活力。美国的行为一再提醒中国，只有靠自己的内功才能得以立足。

新中国成立以后，以美国为首的西方主要资本主义国家对我国实行技术封锁，中国人民正是在这种艰难困苦中逐渐站稳了脚跟，现在已建立起较为完备的工业体系，掌握了相当一部分核心技术，且有稳固的工业制造基础，并在这个发展过程中培养锻炼出了一大批自己的科技队伍和精英人才。

一个国家面临着找外还是找内的问题，一个企业同样如此，没有自主研发的能力和人才储备，不能开发出新产品，并使新产品如期更新换代，想在市场竞争中立于不败之地，那是不可能的。还得靠企业自身有所创新，才能长期生存下去，而靠别的企业帮助，只能持续一段时间，但不会长久下去。当然，有些企业也明白自主研发的重要，但碍于自身没有组织、研发的能力，故只能靠别人，这也是很多没有自主研发实力的企业的生存现状。

在实践中，是找内还是找外，一切都会明明白白的，知道了是一回事，只是个前提条件，有了前提条件到具备这个实力还有很长的路要走。兴办实业，不是认识到了就能很快做到的。要有充足的投入，长久的积累，招揽人才，留住人才，激发他们工作的积极性和创造性，使其不畏艰难，长时间坚守，攻坚克难，不仅要有正确的认知，更要有顽强不屈、不被困难吓倒的毅力，还要有足够的财力支撑，能够扛得住困难期，方能渡过难关，获得成功。真正能够坚持下来的，毕竟是少数企业，多数都经不住考验而中途夭折。

一个人同样面临着找内还是找外的诸多问题，

第三阶段 认知应用阶段

很多人遇到了问题,总是在自身之外找原因,一味地责怪别人,就是不从自身找原因,其实大部分问题往往出在自身。

一些家长,孩子学习不好,首先责怪的是学校和老师,难道家长没有责任吗?孩子不存在问题吗?其实都有可能。但凡只找外不找内的家长,自家的孩子一般学不好,因为他不能面对现实,很难找到学不好的症结所在。如何解决孩子的学习问题?首先应该从自身找原因,找孩子存在什么样的问题,找家庭教育存在的缺失,正视内因,不但容易找到问题的主因,也更有利于问题的解决,因为外因要通过内因才能起作用。哪个学习好的孩子不是靠自己,而是靠老师?内行人对这一点都是坚信不疑的,只有外行人被蒙在鼓里,想当然地认为老师好了,孩子就学好了,其实真不见得,这只是个理想推理而已,其实只有适合的才是最好的。

不懂教育规律的家长,望子成龙心切,总想通过补课来快速提高孩子的学习成绩。一般说来,花时间学了，总比不学要有效果，但是长期依赖补课，离开了补课就不会自己学习，这是失败的教育。在知识爆炸的当下，你有多少钱去补课也不够，更为严重的是，如此下去让孩子丧失了自主钻研的机会，这才是致命的后遗症。

在信息时代的今天，知识的获取途径非常之多，如何源源不断地获得知识？必须依靠自己主动学习，而不是补课，而这个能力的培养和训练是漫长的，越早进行越好。若没有了自主学习的能力，以后怎么在激烈竞争的社会中立足？家长应不断激发孩子自主学习的潜力，使之进入良性循环状态，在内因上下足功夫，比在外因上下功夫砸钱、耗时效果会更好，持久性更强，这个主次顺序必须分清。

不懂教育规律的家长，首先不清楚应该在内因上下大功夫，至于如何下功夫更不知道，所以也就望而却步了。这些家长将希望寄托在补课上，却不知自学能力是个慢功，短期效果并不明显，故培训

第三阶段 认知应用阶段

机构往往不会干这种出力不讨好的事情，不仅没有市场，还会断了自己的财路。不懂教育规律的家长，钟爱的往往是立竿见影的短平快培训，迎合了目前的应试教育，而丢掉了孩子最为珍贵的自主学习能力，这为今后的发展埋下了隐患。谁也不担责，只能由孩子在漫长的人生中去承受，这便是教育问题的复杂性。

习惯于从内因上找原因的人，容易怀感恩之心，因为什么事情都愿意从自身做起，自己做不了的事情，而别人为自己做了，为自己节省了宝贵的时间和精力，此时便会产生感激之心。这种人总要求自己付出的更多一些，有贡献担当精神，对别人的一点帮助，也能看得见、想得到、记得住，故这种人值得长久交往。

习惯于从外因上找原因的人，很少有感恩之心，因为什么事情都从别人身上找原因，总要求别人做这做那，而对自己要求极少，遇到事情只知道责怪别人，甚至无止境地要求别人为自己付出。故对这种不想贡献，没有担当，只要求别人而不想付出的人，应敬而远之。对于这种人只能让客观规律去教育，让其明白从来没有长久的单向付出，而只有相互付出的长久往来。

找内不找外的人，付出更多，贡献更大，很少计较。而找外不找内的人，付出较少，贡献也少，计较还较多，谁又愿意和这样的人长期往来呢！所以在认知教育上，要着力培养找内不找外的人，而在管理上更要选拔、使用找内不找外的员工。若遇上大量找外不找内的人，我们的事业也就只能走下坡路，故在人才选拔上，找内不找外的品质特征，应作为人才素养的一项至关重要的指标准则，并加以长期广泛使用。通过这种选拔导向，让找内不找外的人越来越被认可和重用，这样我们的事业也将会蒸蒸日上。

（八）是否存在自信判断失真的问题

自信其实是对自己能够较好地处理某件事或解

第三阶段 认知应用阶段

决某个问题的基本判断，这个判断有时是准的，有时就很不准，这些都属正常。因为能否解决某个问题，不仅与自己的实力有关，还与事情本身的难度有关。

自信遭遇重大挑战后，有些人便害怕了，不敢再战；而另一些人则截然相反，发现问题后不断总结经验，重新再战，甚至屡败屡战，自信经受住了考验，这当然与人自身顽强不屈的意志品质有密切的关系。这种品质既有先天遗传的因素，又与后天磨炼有关，是两方面有机融合的产物，要想强大，缺一不可。

任何人成功后，都会非常容易获得自信。然而更可贵的是，失败了仍不丧失自信，而继续保持，跌倒了再爬起来，有着顽强不屈的劲头。在他看来，这次失败并不意味着下次继续失败，即使再失败，总能看到乃至找到成功的路径和希望，继续坚持前行，这便是个人意志力的表现。正是这种意志力能使人从失败中吸取教训，使自己从一次又一次的失败中逐步走向成功，用切身的经历验证失败是成功之母的道理。这种人便是社会中的强者，成功者的典范。

若面对困难不敢去挑战，也不去试一试，只是一味退缩、逃避，那么这个人就没有希望和前途。当然现实环境也能改变人，有些残酷环境必须去迎战，一次不行，还得反复去试，而在这种艰难困苦中，也能磨炼人，很多人正是在这种环境中，战胜了困难，获得了成就感，产生了自信。

有时候，根本就不知道困难的艰巨性，更不知道自己有多大的能力，在这种情况下是迎难而上，还是退缩逃避呢？一些年轻人会有无知无畏的举动。客观现实会清楚地告诉你，事情并非你想象的那么简单，会让你一步步接受现实，面对现实，并不断地在实践尝试中加深对现实的认识，同时对自身的实力也有所认识和了解。

在失败面前，有些人就不敢再尝试了，可能会望而却步，这显然是缺乏自信的表现。而另一些人

第三阶段 认知应用阶段

会不甘现状，不畏艰难，审视自身的实力，根据发现的问题，继续蓄积能量，下次再攻。可能还会再次失败，经过几次失败，有人就放弃了，这也许是务实的选择，也可能是自信不足的表现。当然还有个别人会锲而不舍地坚持继续攻克下去，直到取得成功为止，这样的人尽管是极少数，但他们有着坚定的自信和顽强不屈的毅力，最终创造了人间奇迹。中国共产党人的革命史，便是这方面的典型范例。面对一次又一次挫败，没有必胜的信念，是不可能持久坚持下去的，也就不可能有今天兴盛的中华民族。

理想与现实是有差距的，有时差距还很大。理想与自信又有什么样的关系？理想是一种良好的愿望，而这种良好的愿望在现实中能否得以实现，只有经过实践检验后才能知晓，而无法检验的理想只是悬在空中的"大饼"。故在没有实践之前，先要作一个初步的基本评估与判断，再去实践较为稳妥。从理想跨越到现实，离不开自信的加持。

若觉得条件已具备，便去实践。若目前条件还不具备，先不急于去实践，待做好充分的准备后，再去实践。有些情况不去实践根本无法了解，可先做部分尝试和实践，试试水，通过实践加深认识。更多时候实践与认识交替进行，不断深入推进，逐步完成把理想到现实的转变。

理想是否一定能实现？确实不一定。有时理想严重脱离客观实际，故要做出修改和调整。有些人喜欢纸上谈兵，只想好的结果，而缺少严密的过程思维，惯用空洞的跳跃思维，把想要的结果当成现实对待，这样的理想必然会在残酷的实践中破灭。

举例来说，一项专家都久攻不下的难题，普通人有可能成功吗？有两种可能。注定失败的人会怎么想呢？本行业的专家都不行，我肯定也不行，从而放弃。自信强大的人会想，我去试试，若攻克了算我走运，攻克不了也很正常，能抱着这种心态去试一试的，就是自信强大的人，也是对自然界的事物认识深刻的人。首先他不迷信权威，敢于直面困难挑战，不成功也无妨，这种气概就不一般，若在这种气概的支撑下取得了成绩，谁也没有什么好说的，只有承认事实，谁取得成绩了谁就厉害，取得不了成绩就不行，做成了事情自然就会出名，而与之前的有名、无名均无关。所有开创者，一定要坚定自信，不被权威所吓倒，坚持不懈地去干自己想干的大事，坚信有名不一定什么都能做成，而无名不一定什么都做不成，相信客观现实才是最公正的裁判。

自信肯定是要有的，但不可过度自信，过度自信往往是脱离客观世界的自我陶醉，想当然，狂妄自大，不知天高地厚，最终会让自信演变成自负，而自负对人生无益。

不少生活顺风顺水的孩子，没有经历过磨难、考验，故对现实情况及自身的实力认识肤浅，常自认为现实环境会像自己的生活环境那样顺利，一旦遇到残酷的现实环境，很有可能从此一蹶不振，意志消沉下去，这便是从过度自信的极端转向到另一个极端——自信不足。

当然了，年轻气盛的青年人，由于阅历所限，他们精力充沛，常会表现出初生牛犊不怕虎的过度自信，实属正常，他们慢慢在挫折中也会成长起来。

自信不足是另一种极端。一些人遇到一点困难，就退缩逃避，没有勇气，不敢直面困难、挑战。很多孩子缺乏学习上的指导，未养成良好的学习习惯，学习成绩不理想，很容易产生放弃学习的念头。源于把眼前的考试成绩评价看得太重了，缺乏长远眼光。

信心不足，不敢去干，不想去干，怎么能干成事情呢？连干成事情的可能性都丧失了，怪谁呢？怪自己被自身片面的认识所打败，怪家庭、学校乃至社会在教育上的不称职，实在可悲。

一般说来，孩子很容易走向极端，故对孩子自信的培养就很有讲究了。过度指责孩子，这也没做好，那也不行，会严重挫伤孩子的自信，会影响孩

第三阶段 认知应用阶段

子以后面对各种各样困难的态度乃至行为表现。要清楚孩子能否克服一定的困难，不要让孩子贸然挑战，否则也会挫伤和打击他的自信心。若遇上失败也不要紧，只要能正确引导也无碍自信心，向孩子讲明：不是你的问题，而是现在的你并不适合干这个事情，你能直面困难，还是很勇敢的，到了一定的时候尽力去做，还是能干得很棒的。

而有些家长，总喜欢什么事情都给予孩子过度夸奖，以至于严重脱离现实。这样很容易误导孩子，让孩子飘飘然，还以为自己很行，很能干。其实这样容易滋生过度自信，让孩子目中无人，我行我素，若遇到真正的困难，接受实践检验后，原形毕露，便从过度自信一下子反转到丧失自信，从一个极端跳转到另一个极端，这是极其可悲的现实存在。

故应实事求是地对待孩子的闪光点和不足之处，该肯定时一定要及时肯定，该批评时也绝不放过，使孩子在现实生活中形成鲜明的是非观和判断力。好的地方及时肯定与鼓励，借此发扬光大，从成就中获得实实在在的自信。不好的地方发现后指出，让其尽快改正，经受挫败磨炼后能吸取教训，以利再战。

我们追求适度的自信，既要有足够的自信，还要时常怀疑自己的自信，条件允许时更要不断检验自信。让自信建立在对困难难度的充分掌握上和自身实力的准确把握上，使自信有着坚实的根基和依据。这个根基便是意志力，面对种种艰难险阻，总能千方百计地去寻找干成事情的永不放弃的认知桥梁，自然不会自信不足，更不会走向自负，这便是适度的自信，也是真正意义上的自信。

当然，只有自信还是远远不够的，还要让孩子有一定的挫败感，这样既能把自负矫正为适度的自信，更能把自信不足教育训练成适度的自信，这才是完整的人生，健全的成长，也是我们不懈努力追求的目标和方向。在对孩子的教育中，先让其获得一定的自信和成就感，又要使其经历必要的挫折，只要不完全丧失自信就行，在自信的主流上加上必要的挫折，人为把握好这些，应为人生合适的认知教育了。

（九）是否存在困难难度摸不清的问题

干任何事情都会遇到困难，困难是各种各样、千差万别的。无论是客观困难还是主观困难；常规性困难还是探索性困难；局部性困难还是整体性困难；困难的多与少还是大与小，人都很难做到完全把控。我们更关心的是事前的认识和具体分析判断乃至掌控情况。

困难有其客观性的一面，它是自然社会现象及其规律的真实存在。面对这种真实存在，必须认识它、了解它乃至把握运用它。客观困难的难度差异也是很大的。

小困难一般需要的人力、物力、财力相对较少，用时也可能较短，甚至通过个人的努力就能够解决，相对容易识别，用现有的经验、知识乃至技术、装备就能化解，工作量一般不大，难度也较小，容易短期内完成。

中等困难对物力、财力的要求可能一般，即使大一点，通过努力也容易达成，而对人才特别是技术人才的需求相对较高，唯有特定的人才才能胜任。故仅凭现有的经验、基本技能是拿不下的，需要特定的创新团队，经过一段时间方能攻克。工作量一般也较大，而难度肯定是大的，这便是中等困难的特点。

大困难对物力、财力的要求较高，需要长时间的积累才能逐渐达成目标，对技术人才的创新能力要求特别高，且需要拥有不同知识背景的创新团队，团队的管理者也需要有较强的组织协调能力。故其工作量巨大，局部乃至整体的难度极高，不经过相当长时间的攻坚克难是很难完成的，这便是大困难的特点。

困难尽管是客观存在的，但其具体的难度必须由主观的人去认识和探索。在这个认识过程中必然夹杂着主观的成分,有些人认识的主观性过强,从而导致严重脱离客观实际,我们把这种认识偏差称为主观困难。

主观困难在外行人中比较常见,要么低估客观困难,要么高估客观困难,而很难接近客观情况。

俗话说,隔行如隔山,正是由于外行,对此行业知之甚少,只看到表面现象,而深入不到行业深层,觉得这个行业自己感兴趣,就执意进入这个自己根本不熟悉的行业。一旦进入,便感觉到根本不是自己先前所想象和认识的那个样子,但是已经进来了,硬着头皮也得继续坚持,边实践边认识,边加深认识边实践,在自己有着足够实力的情况下,靠着顽强意志的推动,艰苦奋斗,苦苦挣扎,克服一个又一个困难,越过一个又一个险阻,最终还是挺过来了,并取得了成功,这便是一些创业者的必经之路和成长历程。尽管低估了客观困难,但冒险变成了好事,这便是典型的歪打正着。

对于外行人来说,凭着一腔热情进入某个行

业，进入后发现并非像自己先前想象和认识的那样，意志力不够坚定、能力有限的人便会打退堂鼓，还有可能坚持了一段时间最终选择退出，以失败收场，这种事例在现实中还是较为普遍的。

对外行人还有另一种极端情况，仍然由于隔行如隔山，他根本不清楚困难的难度有多大，还会放大困难，从而望而生畏，从一开始就选择了退缩和逃避，从而不敢去干此事，而他到底能不能干成此事，不得而知，只有尝试了才能确定。由于自身知识、经历导致的主观认识偏差，从而丧失了尝试的机会，实在可悲。

在条件允许的情况下，应该鼓足勇气去试一试，若不行再放弃也不迟。为了确保不留下遗憾，应坚守这一事前判断选择原则：一定要创造机会尽力尝试，检验是否可行，反复确认后再作选择和决定，而不经过这个实践检验过程就退缩放弃，实为轻率、消极悲观的举动。但愿有能者，切忌重蹈覆辙。

第三阶段 认知应用阶段

对于内行人来说，该事他具备的知识、阅历相对丰富一些，所作的判断可能会与客观实际的差距小一些，但也不能就说一定完全符合。主客观条件上的某些不确定变化，也会带来认识和实践的某些偏差，检验后才能确信，长期稳定地验证了，才能上升为正确的认知，并指导同类事情的有效处理。但也要有对新情况新变化的预防考虑，随时接受新的未知因素的挑战。

把老一套的经验方法到处套搬，是内行人常犯的大忌，内行人容易被专业储备冲昏头脑，而忘记了新情况变化，故常犯这种经验主义的错误。

常规性困难，具备相应的条件肯定是可以克服的，当然了，不具备条件也是完成不了的。但这个条件也是分层次的，属于常规性技术问题的常规性困难，只要具备常规性的人才、技术力量就能完成；对资金、物资的需求可能不高，也可能较大，视具体事情性质而定，完成时间一般不会太长。

与常规性困难相对的，是探索性困难。若缺乏拥有核心技术的研发团队，从头探索十分困难。你的人才储备怎样？基础实验研发条件如何？团队创新能力强不强？这些只有在实践中才能评判，并逐步提高乃至追赶超越。关键还在人才队伍，当然了，财力、物力、配套设施、管理激励举措也至关重要，不可忽视。

探索性困难对应的应该是前所未有的发现乃至发明创造，能不能做成事先并不能完全确定，因为之前并没有人完成过。不过，没有前人完成过，不能由此断定后人一定不能完成，努力去践行才能知晓，根本不去践行，肯定无解。

所以，对于探索性困难，能不能完成都不知道，怎么去做更不知道，故研发难度极高，对研发团队的创新能力要求非常高，意志品质要求更高。还要有充足的实验研究空间和环境，要有足够的财力支持，要有设备材料等各种物力保障，有足够的时间进行实验测试、实践检验，不经过这些环节反复论证，难以找到规律，更不用说应用规律解决探索性的困难。故时间可能很漫长，工作量一般巨大，前景还常常不明朗，这便是探索性困难的显著特征。

另外还有局部性困难，指某个事情的整个过程中一段或某部分存在的困难，其他部分难度不大，唯有此部分具有挑战性，如瓶颈现象，拿下局部，其他部分便能按计划顺利完成。此部分情况不明，完成的时间长短不定，工作量大小不知，只要能够突破局部性困难，整个事情便会迎刃而解，这便是局部性困难的特点。

与局部性困难相对的是整体性困难，指某个事情的整个过程各环节都存在困难，不是常规性困难便是探索性困难，更多的情况可能全部都是探索性困难，因此工作量巨大，推进缓慢，对各行各业创新团队的需求众多，财力、物力的投入不计其数。中途还会停滞不前，举步维艰。重大工程项目，重大战略规划，甚至是几代人不懈努力的世纪工程，这便是整体性困难的特点了。

要弄清某个具体事情难度的大小，必须把其列为具体的研究目标，从自身目前的情况出发，通过过程思考，怎样一个个环节、一步步推进，才能达到该目标。这时可能会出现若干中间关键节点，而这一个个节点又成为阶段性目标或短期目标，也就是把整个过程分成若干小阶段，再根据优先顺序，一段又一段去攻克，从理性上打通各个短期目标，这也叫作战略决策或者战略规划。

把大困难分解成各个小困难段后，可以集中优势力量各个击破，并运用同样的方法再进行细分，从而使过程更加具体、充实，具体小目标非常清楚，解决起来针对性更强，效果更显著，充分体现了化整为零的战略思维。

（十）有无安全防范意识

要想做成事，需要一定的安全防范意识。安全防范一般表现为：无知者无畏；有知者敬畏；深知者防备。

第三阶段 认知应用阶段

　　无知者不是什么都不知道，而是对某一方面、某一问题不懂或者无知，每个人其实多多少少都会存在这种情况，而对这种无知，由于头脑中没有这方面的知识、经验，根本不知防什么，更不知怎么去防，因此也谈不上安全防范。

　　即使很危险的事情，由于无知，认识不到它的危险、危害所在，常会凭感觉去做事，初生牛犊不怕虎，这便是无知者无谓的鲁莽。然而客观现实会毫不留情地教训无知者，让其在残酷的事实面前接受现实，从而认识到无知的代价是多么巨大。

　　无知者做事只是碰个壁，知道有这么一回事，至于这回事背后的根源或规则，可能碰壁后能清楚一些，也可能还是不清楚，需要很长时间多次碰壁，才可能明白其中的规律或道理。现实中这种事例到处都是，因为未知的因素总是处处存在的，即使认知高深的人也不可能什么都清楚。所以，犯错是不可避免的，只能追求少犯错，而不可要求不犯错。

认知过程三段式

不管是什么样的人,只有通过不断学习、阅读,亲身经历乃至实践,再结合自身分析判断,深入思考钻研,方可减少知识欠缺带来的失误。不然只能通过惨痛的教训来加深认识,实践既是认识的源泉,又是检验认识正确与否的唯一标准。

真正有大智慧的人在某领域可能知道一些常规性的规则或道理,因此对这些规则或道理不敢冒犯,因为他清楚,如果冒犯会给自己带来诸多的不良后果,至少自己是很被动,后患众多,无法承受由此带来的严重后果,从而止步,即表现出敬畏。

有些人有时还会主动出击,做些适当的预防措施,特别是面对自然灾害,如洪水、干旱、地震等,可制定出相应的预案和做些必要的前期准备、储备工作,努力做到有备无患,从而大大降低损失。这些有备无患的人,在这方面其实已经上升到深知的层次了。但愿更多人在认知教育的指导下上升到深知者的境界,从被动的敬畏迈向主动的防备,从表象的了解走向对机理的掌握,这也符合量变到质变的规律。

一个人会面临这样的局限；一个企业的发展何尝不是；一个国家的兴衰同样如此。历史的局限性是谁也逾越不了的，在有限范围内做到敬畏而不冒犯，在力所能及的范围尽力去主动防备，如此便已无可责备。

很多事情能恰当把握其利害和深浅，故能做出相应的防范措施，常常能把问题化解在萌芽状态，不至于到不可收拾的地步，从而减少或避免违背规律的事情发生，使工作进展顺利，失误减少，事与愿大致趋于一致。正像能预防疾病发生的医生，要比只能治病而不能预防疾病的医生高明一样；还有既教书又育人的教师，要比只教书不育人的教师技高一筹，这便体现了深知者的预见力。

诚然，深知者也并非都处在一个层次，还是有着不同的。其不同的价值取向，导致其走向不同的发展方向，崇拜金钱的人可能更看重能力、短期收益，而忽视品性；而崇尚事业的人可能追求长久性，更看重品性，而忽视眼前的收益。大千世界，各有所好，不可强求一致。深知者危害社会的也不乏其人。一旦价值观出了问题，深知者也会在不知不觉中危害公众的利益，很有可能走向犯罪的道路。

深知者的防范意识在社会管理领域也是十分实用的。之前的法律、法规有不完善之处，从而给后续管理造成了极大的制约，历史上这样的事例多不胜数。所以，应该在管理上制定并出台责任追究的机制，谁负责、谁决策、谁把关，出了事故，便启动追责程序。若人人做事都能有这种质量责任意识，事故肯定会大幅度减少，这便是社会管理上的进步。

也有人不管以后那么长远，只顾眼前蒙混过关。所以只靠责任追究制还远远不够，还要对相应资格、资质审核与把关，加强过程规范管理，落实监管反馈，及时纠偏。面对人强大而持久的自然属性，必须时时处处设防，丝毫不可松懈。

其实，事故的责任追究和日常规范监管相辅相成，缺一不可。若只有责任追究，而缺少日常事务监管，总会有人弄虚作假，特别是不管以后那么长远的人。若出了事故会造成极强的社会负面效应，追究责任也挽回不了其造成的巨大损失，这种乱象又该如何避免？若只注重日常监管而缺少责任追究，长远、整体的事情就会考虑得较少，严重影响可持续发展，很有可能埋下很多后患。故责任追究和日常监管应协同配合，既可有效管控日常过程中出现的不当，又可保证结果的长久性，这就较好地处理了短期和长远、局部和整体的利害关系，且能更好地切合客观实际。

安全防范的过程中也会出现过度反应，那就是过度预测严重后果，从而造成不必要的焦虑和恐惧，这便是过度重视和过度负责带来的负面效应，应当提防。有些人的焦虑和恐惧其实就是这么产生的。客观现实其实复杂着呢，很多规律是不合逻辑的。现实问题根本没有那么绝对，也没有那么严重,可能还会出现转机。一句话,缺少见识、缺少实践、缺乏深知,才会过度焦虑,同时也告诉我们,只有不断学习、钻研、实践,才能对自然、社会规律有深刻的见解,不断接受实践的检验和反馈,自然就会破解人为的焦虑和恐惧。

对于安全防范,小到个人,中到团队,大到国家,都存在各不相同、不同层次(技术层面、战略层面)的众多安全防范议题。从个人的生命财产安全、交通安全、食品安全到国家的粮食安全、网络安全、金融安全,等等,不仅要深知这些方面安全的重要性,以及防范不善带来的不良后果,还要不断学习,分析思考,研究乃至制定出切合实际的防范举措、预案,切忌纸上谈兵,搞形式预案。若能做到留有余地,进退自如,方显防范者驾驭时局的胆识和应变能力。

只有在大风大浪中,通过不断学习、认识、实践并循环往复,才能锤炼驾驭者的胆识和应变能力。面对客观现实,总有认识不到,也有把握不当的时候，应不急不躁，不回避问题和矛盾，正视困难，尊重自然规律，不被困难所吓倒，产生过度焦虑，要知道，焦虑既解决不了问题，还会使自己丧失斗志。真正的强者不会被表象所迷惑，他们会寻找、钻研其中的规律，并灵活运用此规律，想尽办法去渡过难关，冲破重重险阻，永不放弃，既兼顾眼前和长远，又考虑到局部和整体，并把握好综合防范的"度"，而不是走向无知的两个极端——无畏和迷信。

二、认知现实问题及破解之策

现实问题多种多样，面对较为复杂的现实问题，应提出基本的破解思路，初步了解干某事的难度，并梳理自身所具备的实力，对此作出初步的评估与分析判断，以确定是否树立该目标。一旦确定后便进入下一步行动方案制定，即具体的可行性实施方案规划与论证，若觉得没有大的问题，且为相

认知过程三段式

对简单的问题，可直接投入实干，而对于相对复杂的问题可先行先试，部分践行反馈推进，逐步深入，直到彻底解决为止。

（一）树立目标

做任何事情总得有个目标，至少也得有个努力方向，若能提出相应的目标，这便是树立目标。

有些人不加分析和论证，就随随便便树立目标，这样的目标十有八九会落空，而成为脱离实际、无法实现的空想、妄想，现实中这种人还不在少数。

只有建立在深入实际调查研究基础上，对要做的事情的客观实际有足够的了解，并对自身实力有着深刻反省的人，对所干事情的评估与分析论证与实际情况差距不大，这时所树立的目标，才具备达成的可能性，否则就会沦为空谈。

1. 先初步了解干某事的难度

客观地讲，现实中的事情是复杂多样的，不同

第三阶段　认知应用阶段

的事情，其难度差异还是很大的。事情的难度大致上有简单、中等、复杂之分，也并不会有人直接告诉你难度，只有亲自深入实际，调查研究，并分析思考，才能逐步搞清难度情况。

对于简单难度的事情，你可能凭着有限经验和基本常识就能了解它的现实情况。

对于中等难度的事情，仅凭有限经验和基本常识，一般不太容易搞清它的现实情况，除非你有这方面的专业特长和专业素养。通过一段时间的接触、调查研究后，逐步还是能搞清一些，尽管不全，也不够深入，总还是有明显进展的，只要继续坚持努力，总能搞清其真实情况。

对于复杂难度的事情，也许很长时间都找不到认识的途径，无从下手。尽管如此，认识仍不会停步，有时在尝试中可能就找到了思路，获得了一些进展，再反复探索和尝试，继续不懈努力，慢慢清楚困难之所在，这便推进了一些，了解、认识到了一些现实情况。所获取的信息，还得进一步检验和

认知过程三段式

确认。认识和实践的过程一般很漫长，进展也很缓慢，这便是复杂难度事情的特点。

不同的人、不同的团队，其阅历完全不同，自身所具备的实力也会大不相同，因此对于同一件事情难度等级的判断差异还是很大的。实力强的团队可能会把一般人视为中等难度的事情视为简单难度，也可能会把复杂难度的事情视为中等难度。相反，实力弱的团队会把一般人视为简单难度的事情视为中等难度，也可能会把中等难度的事情视为复杂难度，但团队的主观感受都是真实的。

由此可见，主观感受的客观难度是有很大的相对性的，作判断的人都立足于自己的参考系，并把自己这个参考系作为难度评判标准。这其实是在开始认识这个事情难度时的主观判断，不可强求一致，而且事情解决之后，才能给出客观定位或评判，解决之前或解决的过程中，都表现为主观的定位和评判。

尽管是主观感受，你也不能断定它一定脱离客观实际，而现实中有些主观感受后来被证明就是符合客观实际的，事后我们常把这种主观感受称为直觉、灵感。总之，大千世界什么情况都会出现，这便是客观世界的复杂性、多样性、多变性的反映。

2. 梳理自身所具备的实力

小到一个个体的人，大到一个团队，乃至一个国家，都应梳理自身所具备的实力。说得具体一些，所具备的人力、物力、财力属于常规性实力，而所具备的认知、能力、技术乃至意志品质等属于深层次实力。总之，我们将这众多常规性和深层次的实力总和称为自身的实力。

对于常规性实力，自身一般还是容易搞清楚的，主要体现在量的梳理和统计上，并不涉及质的剖析。对于简单难度的事情，常规性实力显得尤为重要，而对于复杂难度的事情，相对于深层次实力，常规性实力将处于次要地位。

而对于深层次实力，即使自身想搞清楚也不见得就能搞清楚，常言道：当事者迷，旁观者清。其

认知过程三段式

实认识自我还是很难的，要对自身作出符合客观实际的评判，更是难上加难。因为涉及质的评判，一方面要有深刻的认识，另一方面还得对此认识有适当的检验，不排除认识、实践检验的多次交替进行，才能对深层次实力作出初步评判，有时还会无法检验，仅仅停留在有限的认识上，故常常难以确认。

深层次实力虽难以评判，但还是要想方设法搞清楚的，不然你没有这个金刚钻，揽下了瓷器活又该怎么办？其后果是严重的，至少是不好收场的。

对于自身深层次的实力，若始终站在自己的参考系上，或者用自身的参考系作为标准来判断，便在不知不觉中进入了不能自拔的自循环状态，自我感觉良好，其实严重脱离客观实际。一来评判标准不合适，二来检验素材极其有限狭窄。

要想摆脱这种狭隘，必须对自己的评判结果多怀疑、多反思，进一步去核实，并通过换位思考来发现自己的狭隘，也就是换到他人的参考系上去评判，特别是能换到高人的参考系上更好。通过换位到各种不同参考系，站在不同的标准上，用多种视角来看自身，定会收到旁观者清的效果，破除当事者迷的狭隘。

这就要多学习、多研究、多深入实际，了解不同视角，你才有可能站在不同的参考系上，并用这些不同的参考系作为评判自身深层次实力的标准，以及检验验证自身实力的依据。如果你头脑里根本就没有这些参考系上的东西，肯定是站不上去的。当然了，有了这些不同参考系上的东西也不见得就一定能站上去，还要训练这种换位思考的能力，并养成换位思考的习惯，乃至形成这种意识。

自身的实力也不是一成不变的，会随着时间的推移而不断提升，有些时候提升得还很快。所以要不断地拓展和尝试站在更多的参考系上观察评判自己，获得的视角越多，看得越全面，越准确。

3. 作出初步评估与分析判断，努力做到知己知彼

初步了解甚至深入实际调查研究某事的难度后，结合对自身所具备实力的把握，此时对能否做此事已有一个初步的评估与分析判断，还可以再进一步分析评估是短期能够完成，还是需要长期不懈努力才能完成，即采取速决战的方式，还是持久战的策略。

客观地讲，事情的难度是有很大差异的，而且有些缺少实践环节是难以深入了解的。当然也有人为方面的因素，导致很难了解到困难的真实情况，如片面的、局部的、眼前的、急功近利的考虑远多于长远、整体的考虑。故对事情难度的了解一般既有客观的因素，还有主观的成分，因为客观需要主观来认识。

对自身实力的评估要容易些，谁还不了解自己呢！但也不是人人都能做得到的。需要注意的是，要多方位、多视角地自我审视，最终全面地评估自

我实力，不然会远离自身的客观实际。

对事情的难度和自身实力的把握，如果远离客观实际，在此基础上所作的评估与分析判断也不会接近客观实际。看来提高自身认知水平显得尤为重要，只有通过努力，提升自身的认知水平，才能把事情难度的真实面目搞得相对清楚一些，对自身的实力把握得更准一些。

（二）制定行动方案

某一目标工作量巨大，持续的时间很长，甚至还有很多不确定的未知因素。不管困难有多大，问题有多少，总得面对，并想方设法去破解，而不是等待、观望，甚至逃避，这自然上升到行动方案的制定了，有了具体的行动方案，目标便落到了实处。

1. 将大目标分解为众多细节目标

对于大目标、复杂问题，需要分阶段、分时段，并寻找先后顺序，一个又一个逐步推进突破。

该怎么去分段？切入点又在哪里？得从这件事的现有条件出发，到所要达到的目标结果，寻找可能实施的途径，然后分析、划分该途径的过程环节。如果一时难以划分过程，那这个事情只能暂时搁置，待时机成熟再进行。

分阶段以后，阶段目标可能仍然还很大，一下子仍然解决不了，还得根据现有力量及条件对阶段目标再进行分解，形成众多细节目标，如此一层又一层分解细化，直到能够根据细节目标制定出具体的方案为止。

还要根据各细节目标客观的自然顺序，以及现有力量所具备的条件，综合考虑突破各细节目标的先后顺序，从而在有限的时间内有序推进，而不是本末倒置，影响进程。应按照该事情自身的规律逻辑，先攻克哪个细节目标，接着攻克下一个细节目标，做到按规律有序推进，各个击破，稳扎稳打，步步推进。

饭得一口一口吃，事得一件一件做，不可一口

第三阶段　认知应用阶段

吃个大胖子。对于各细节目标，也可能有多套实施方案或多条途径，此时要反复论证方案，优先选择其更接近客观实际的途径或方案，并投入实践环节。平时多流汗，战时才能少流血，在理性论证上多做更充分的准备，以尽量在实战中少走弯路，减少人为准备不足对实践造成的不必要损失。

也有考虑不周的时候，那只能由实践、实验上的代价来加深认识，只要属于非人为因素造成的代价，都是可以接受的。此外，还应知道实践是检验实施方案正确与否的唯一标准，是无法替代的。

2. 深入实际调查研究，进一步搞清该细节目标的工作量及技术难度

过程分段完成后，根据具体选定的阶段目标或细节目标，深入实际观察、查找相关资料乃至调查研究，逐步弄清所选定目标的工作量大小，潜在技术难度如何。还可发挥集体智慧，共同研讨分析，探讨各种可能性，对工作量、技术难度掌握得更深入一些，努力做到知彼。

认知过程三段式

然而说起来容易，做起来真得很困难。最忌讳的是自认为搞清楚了某细节目标的工作量及技术难度，而实际上并未搞清楚，在实践中必然会以失败告终。这种事情常常发生在失败者身上，不管是客观事物本身就不容易搞清楚，还是自身轻视客观现实的难度，求胜心切，急于求成，没有扎实细致的证据就妄下结论。

诚然，搞清选定目标难度确实不是一件容易的事情，但是不搞清此问题就无法达成此目标，所以要想尽一切办法，通过各种途径，分析出各种可能性，并在条件允许的情况下，对各种可能性进行必要的验证，其中包括理论验证、模拟实验乃至真正的局部实验、部件测试、关键技术验证等，从而排除有些可能性，又用实践、实验确定一些可能性，从而对该事件的难度有更大的把握。

有些时候理论是检验不了的，必须要有局部实验、实践去验证。再说，没有经过实践验证，心里还是不够踏实。唯有理论、实践都检验了，这时才可以确信没有问题。

3. 确定各细节目标的实施方案及先后顺序

对所选定目标的工作量及技术难度,通过深入实际调查研究乃至部分实验验证,搞清了基本情况后,又要结合自身所具备的实力进行深入细致的分析、判断与评估,以评判目前的实力是否可以攻克该目标。若不具备攻克该目标的实力,初步判断大概还需要多长时间,自身的实力还需要哪些充实和提高,到底是常规性实力不足,还是深层次实力不具备。对于常规性实力,还是相对容易判断些,但也少不了实践的检验才能确认。而加强深层次实力,需要不断学习,查阅相关资料,交流研讨,参加相关培训,还要在实践中去磨砺等。这个过程可能需要相当长的时间。正是因为这样,干大事情的人,一般要经过很长时间的充分准备。

若具备了攻克该目标的实力,便应开始制定更加详细的过程实施方案,看是否还有未想到的问题。若还有未想到的问题,不管是目标工作量及技术难度上的问题也好，还是自身实力判断上的问题也罢，此时应针对具体问题各个击破。属于工作量及技术难度未搞清的，按照工作量及技术难度的解决办法去搞清；属于自身实力不足的，补充、加强，之后再进行过程实施方案制定。

当然，根据不同情况，还可制定出多套过程实施方案，并区分上策、中策、下策，以便综合考虑后优选之。

之后对各个不同的具体细节目标实施方案，根据其难易程度、紧迫性、重要性、基础性，综合后确定实践的先后顺序。当然了，头脑中要有这方面的经验以及分析判断的综合排序能力，不然会在实践中受挫。不排除有些实施顺序在实践中会交替推进，应视具体情况灵活确定，不可生搬硬套。

尽管制定出了某细节目标的实施方案，乃至优选了其中一套，在实施过程中也不是一成不变的，会随着新情况的出现而有所调整和改变。一旦发现有不切实际的地方，应及时止损，尽量把问题消除在萌芽状态，把隐患识别与化解在事中，而不可留在事后。更要锤炼灵活的应变能力，以适应各种不确定性情况，做到既不忘记实施方案的有序推进，面对新情况变化又不死守方案；既要有备无患，不乱章法，又要彰显果断的应变能力，在变化中抓住机遇不放，以变应变，力求发展，谋求壮大。

4. 必要时还可进行交流研讨和合作论证

有些事情的保密性极高，一旦泄密其后果很严重，甚至是灾难性的，故客观现实极大地制约着交流研讨。

但是，不管什么情况，也不管有多么机密，交流研讨的人员越多，思考问题的视野也会更加开阔，思路自然会更多、更全，所确定的实施方案也会更充分、更全面。交流研讨非常有利于相互取长补短，共同提高，乃至优选更合适的方案。

交流研讨既是对理性研究成果的展现，也包括实验、实践验证方面的突破。实验、实践验证往往更能给人以启发，提供全新的思路，甚至开拓更新

认知过程三段式

的研究方向。应当知道，实验、实践中提供的突破，常常是意想不到的，往往会成为新研究方向的发源地，故要抓住实验、实践突破后的新机遇，根据自身实验设备方面的优势及自身研究方法和技术能力的特长，向着不同的方向发散，加快整体研发进展，再交流研讨乃至合作攻关，从而攻克某一重大课题，实现合作共赢。

无论是理性研究的交流研讨，还是实验、实践的交流研讨，参与者都有不同程度的提高，这是肯定的。然而各自提高的程度若差异很大，有些人的收获很大，有些人的收获很有限，于是有些人就不愿意参与这种交流，这便是交流研讨收获不平衡带来的异化，也是人性现实的表现，从而阻碍了交流研讨的广泛进行。

还有为了争夺创新权成为竞争对手的，肯定不愿交流，甚至完全封锁消息，而这些现实也极大地制约着交流沟通的深入进行。

不交流显然不利于深入研究乃至攻关突破，但对于科研，有些项目可以通过实验手段单独加快深入研究，从而只在自己的小圈子内交流研讨，依靠实验手段在有限的小圈子内交流，同样可以攻克，而且可以独占发明专利。当然，并不是所有的科研项目都能如此畅通，需要更大范围、更长时间的交流研讨、合作才能拿下。

有些领域，实验、实践起来很难，牵扯到方方面面的关系，极为复杂，不可轻易地进行实践，否则带来的社会后遗症会很严重，此时的广泛交流研讨，显得更为必要和重要。例如社会科学领域的一些改革举措，牵一发而动全身，政策制度乃至法律、法规实践就与自然科学领域的实验特征完全不同，由于其规律性的不同，故不可不顾条件照搬套用。

（三）简单问题可直接投入践行实干

常规性目标和部分细节目标一般属于简单问题，目标技术难度不大，已有现成的解决方法，工作量也不是很大，故制定行动方案后，严格践行起来容易获得成功，相对风险较小，而确定性较高。尽管如此，不经过实践检验，心里还是不踏实，所以再简单的问题也必须接受实践的检验。在实践中会发现行动方案是否可行，还存在什么问题，需要进一步改进和完善。

这便是实践的重要性和不可替代性，它既是检验行动方案正确与否的唯一标准，又是发现各种意想不到的问题的重要途径。由此可见，离开了实践的认识一般是靠不住的，唯有认识和实践交替进行，才能进一步加深认知。

对于简单问题，到底应在行动方案上投入更多呢？还是应直接投入实践呢？这就要看若此行动方案失败所要付出代价的大小了。若代价不大，尽快实践，节省宝贵的时间，早日完成目标计划，便是一种务实的选择。若代价较大，则需谨慎实践，要在行动方案上做更细致更充分的准备，化解由于行动方案制定不周所引发的一系列后遗症。

就一般情况而言，在时间允许的情况下，充分准备行动方案，然后投入实践，这样更稳妥一些。至于在实践中又发现未想到的问题，可以及时调整改进，以适应新的情况，化解未想到的问题，灵活机智地实现简单目标计划。

（四）复杂问题可先行先试，部分践行反馈推进

对于复杂问题，想制定出非常详细的行动方案是比较困难的。问题的本来面目根本就没搞清楚，甚至还无从下手，有时也不清楚自己是否具备攻克的实力。若该目标的工作量巨大，难度更是前所未有，面对这么多实实在在的问题，整体的行动方案更是无法制定。

于是只能面对现实，在有限认识的基础上，进行局部的小范围尝试性的行动方案构思，然后在力所能及的实验、实践环境下，进行实践探索，以确定有限认识的正确与否，以及在有限实践中发现新

的问题及新的动向，从而进一步加深认识。接着构思下一步的行动方案，并在适当时机投入实验、实践检验反馈，通过一次又一次的循环往复，交替进行，随着时间的推移，慢慢地对该目标的真实难度越来越了解，同时自身的研究能力也得到了相应的锻炼与提升，从而对自身能力乃至实力也有了一定的掌控，这就为后面的过程分段乃至过程思维奠定了坚实的基础，此时可以做些更大范围更长远的战略规划。

接着还可以再进一步划分或细分过程，又形成众多的细节目标，便于集中力量，从易到难的一个个、一步步攻克，积少成多，最终拿下分段目标，可称之化整为零的战术。对于复杂的目标也只能如此，一点点地进，一块块地啃，边进边确定下一步的目标和方向。在干中不断寻找战机，逐步分解、破解目标，直到完成目标为止。

只要有坚定的信念、顽强不屈的意志力，投入足够多的时间精力，相信总会有进展的，随着攻坚

第三阶段　认知应用阶段

能力的精进，可能有时还会有较快较大的推进。应当明白，解决复杂问题多为持久战，偶尔也会有快速决战的时候，这是可遇不可求的。不管怎样，只要不忘初心，砥砺前行，有时还会有意想不到的收获。

不过，这正像科研成果、专利技术要转化成生产力、产品一样，还有很长的路要走，尽管原理上可行，但技术上还不够成熟。知道这个道理和真正做到是完全不同的两回事。知道这个道理，但永远也做不到的大有人在。只有不畏艰难，负重前行，并坚持到底，本着遇河架桥，见山开凿的劲头，去实现复杂目标的人，才能达成最终的目标。

当然了，这种探索精神也是有条件的。如果你连生活都难以为继，即使有再远大的理想，在残酷的现实面前也得停下脚步，只有先保证基本生活，才有可能继续坚守。正是因为这样，国家对科研，特别是基础研究投入长期、足额的研究经费，并对要取得的研究成果有足够的包容度，目的便是着眼长远的科技进步。对于有志于钻研学问的人士，在此条件下，便能发挥自己的强项，既能实现自己的理想，又能为国家作出贡献。而对于探索性极强的项目，一般企业就不愿意投入巨额研究经费，这也由企业的经营属性所决定，而有志钻研学问的人士，在这里有可能便中途退场，而无法继续坚持下去。所以，有着大无畏舍得精神的人士，必须选对地方，才能真正实现有所作为，否则天时地利不备，人和也难为。